ALMA MAHLER

ou

l'art d'être aimée

FRANÇOISE GIROUD

ALMA
MAHLER

ou

l'art d'être aimée

ROBERT LAFFONT

© Éditions Robert Laffont, S.A., Paris, 1988

ISBN 2-266-02981-9

Pour Caroline E.

« La femme n'existe pas. »

Jacques LACAN

1

« C'est la dernière folie d'Alma... », disait son mari, Franz Werfel.

Cette fois, il s'agissait d'un prêtre, le théologien Johannes Hollensteiner. Il avait trente-sept ans, elle cinquante-trois. C'était en 1934. On le donnait pour le prochain cardinal de Vienne, après Mgr Innitzer.

Elle fit si bien qu'il défroqua.

Liaison platonique? Tout permet de penser le contraire. Liaison intense en tout cas. « Vous êtes la première et vous serez la dernière », lui dit le Révérend Père envoûté par cette capiteuse pénitente qui s'est découvert, depuis quelques mois, une ferveur religieuse toute neuve. Et elle n'est pas femme à se confesser au curé du quartier.

Tous les jours après la messe, où elle est soudain assidue, elle le rejoint dans son appartement. L'après-midi, la limousine du Père stationne devant chez elle. Avant de censurer ses relations avec Hollensteiner de son journal intime, censure dont elle est coutumière, Alma note : « Tout en moi ne demande qu'à se soumettre à lui, mais il me faut repousser mes propres désirs. Il est le premier homme qui m'ait jamais conquise. »

Le premier? Certes, tout amour neuf abolit les précédents, mais enfin celle qui écrit ces mots a été la femme de Gustav Mahler, la maîtresse d'Oskar Kokoschka, la femme de Walter Gropius, elle est la femme de Franz Werfel.

Musique, peinture, architecture, littérature, formi-

11

dable carré d'as, même si la postérité ne situe pas l'œuvre de Werfel au même niveau que celle de ses prédécesseurs dans les filets d'Alma. En son temps, on a tenu Werfel pour l'égal de Thomas Mann.

Mais il est vrai que, toujours, c'est elle qui a conquis. Ensuite... Mahler est peut-être mort de l'avoir trop aimée, Kokoschka ne s'est jamais résigné à l'avoir perdue, Gropius a été son jouet, Werfel a écrit : « Elle est du très petit nombre des magiciennes vivantes... »

Sans doute les créateurs ne sont-ils pas plus difficiles à séduire que les plombiers. Le tout est de les rencontrer. Et les circonstances furent telles qu'Alma vécut toujours parmi eux. Mais après avoir attiré, elle retenait. C'est elle qui trompe, c'est elle qui rompt, c'est elle qui divorce. Elle n'est pas de ces femmes qui, après avoir été un but, deviennent un lien. On n'en finit jamais de la conquérir, là gît son pouvoir. Elle tire sa force de la représentation qu'elle se fait d'elle-même : un être d'élite, un objet précieux, une créature supérieure. Objectivement, elle est exceptionnelle. Magnétique, irradiant une lumière telle que lorsqu'elle paraît, avec son allure souveraine, le centre de gravité de la pièce se déplace avec elle. Dans ses yeux d'un bleu violent, on se noie. Intelligente, de surcroît, d'une belle intelligence exigeante, son esprit est étendu, parfois piquant, il peut être profond.

À vingt ans, cette beauté blonde est nourrie de Nietzsche, Wagner et Platon. Plus tard, elle apprendra le grec et traduira les Pères de l'Église. Elle compose aussi. Elle compose surtout. La musique est son élément naturel.

Non, ce n'est certes pas n'importe qui, cette jeune femme autour de laquelle les hommes ne cesseront de bourdonner. Mais on peut être exceptionnel et mécontent de soi. C'est même la règle commune. Alma avait, au contraire, le sentiment d'être en somme un exemplaire accompli d'humanité supérieure, et il est clair que ce sentiment ne l'a jamais désertée même lorsque l'âge a commencé d'altérer sa beauté.

Cette haute idée d'elle-même, si rare chez les femmes, cette conscience satisfaite de sa personne, qui éclate dans ses écrits, est l'un de ses traits frappants.

Elle ne se connaissait qu'une faille, minuscule, qui la conduisit toute sa vie à redouter les réunions trop nombreuses : une maladie infantile l'avait laissée sourde d'une oreille. Mais cette petite infirmité était devenue source supplémentaire de séduction. Elle écoutait son interlocuteur avec une attention si soutenue qu'il avait le sentiment d'être seul au monde.

Qu'un homme l'attire parce qu'elle a détecté en lui ce qui la fascine, le talent – Alma est sensible au talent comme certaines femmes le sont à l'argent –, qu'un homme l'attire et aussitôt elle le survalorise. Qui a su la séduire, elle, femme d'exception, ne peut être qu'un homme d'exception. Elle l'enveloppe de sa lumière, exalte ses dons, multiplie son énergie. Alma est une déesse qui fait de chaque amant un dieu.

Plus dure est la chute quand elle le défait. Comme ils sont pauvres, alors, sans elle !

Reste que, d'une certaine manière, elle a raté sa vie.

Avec ou sans elle, ses hommes auraient laissé leur empreinte sur la terre. Cathédrales sonores de Mahler, tubes d'acier de Gropius, constructions romanesques de Werfel, peinture sauvage de Kokoschka... Elle, sans eux, ne serait rien. Ils ont créé, elle n'a jamais posé sa marque, au fer rouge, que sur eux. Sort commun des femmes en son siècle ? Sans doute. Mais ce qui fut gâché là n'était pas ordinaire.

Cette beauté carnassière, cette lionne dévorée par des fantasmes de gloire voulait être chef d'orchestre. Elle en avait le tempérament et probablement les moyens. On a dit qu'elle composait : à vingt ans, elle avait déjà écrit plus de cent lieder, des pièces instrumentales, l'esquisse d'un opéra. Elle avait clairement vocation à faire carrière dans la musique autrement qu'en recopiant les partitions de son mari.

Interdite de composition par Mahler (« Tu n'as désormais qu'un métier : me rendre heureux ! »), elle s'est soumise. Mais à quel prix ! Pour elle, et pour lui.

Il y a des sacrifices voluptueux pour qui en a la

disposition. Personne n'était moins fait qu'Alma pour l'abnégation. Servante du génie, et y trouvant gratification, ce n'était pas son emploi. Elle l'a tenu dans la frustration et parfois le désespoir car, ironie du sort, Alma a consommé son sacrifice pour un homme dont elle n'aimait pas la musique.

L'art n'y a peut-être rien perdu de majeur, comment savoir ? La plupart de ses œuvres ont disparu. Mais ce n'est pas la question.

2

Qu'y avait-il donc dans l'air de Vienne qui rendit cette ville unique jusqu'à ce qu'elle sombre dans la nuit fasciste puis émerge de la Seconde Guerre mondiale exténuée, quelconque cité provinciale riche en musées?

Légèreté, convivialité, moquerie amusée de soi-même, insouciance, gaieté, nonchalance, ironie, goût du plaisir, sens de la fête, gourmandise, raffinement... Une fugitive étincelle érotique aussi, selon Arthur Koestler.

En 1902, Rodin, qui est venu voir l'exposition consacrée à Beethoven où le peintre Klimt expose sa fresque, est invité à une garden-party dans le Prater, le parc de Vienne. Les femmes sont exquises, le temps est doux, quelqu'un se met au piano et joue du Schubert, Rodin dit à Klimt : « Je n'avais jamais eu de sensations pareilles... Votre fresque si tragique et bienheureuse à la fois... votre exposition, inoubliable... Et puis ce jardin, ces femmes, cette musique, et autour de vous, en vous, cette joyeuse naïveté... Je suis subjugué! »

Une journaliste, Berta Zuckerkandl, traduit à Klimt qui répond simplement : « *Oesterreich*! » Autriche. Ô plaisir de vivre! Campée sur le Danube, Vienne est presque aussi grande que Paris mais elle se fond plus harmonieusement avec la campagne qui l'entoure, douces collines boisées. Les Viennois vont de bals masqués en fêtes où toutes les populations se mêlent. Pendant le Fasching, le Carnaval, toute la ville danse et entre-temps aussi, au rythme à trois temps des valses de Johann Strauss et de Franz Lehar dont les opérettes triomphent au théâtre. La musique est le passe-temps favori des Viennois, au point que l'on a dû interdire l'usage d'un instrument après onze heures du soir.

Une vie sociale intense anime les cafés qui pullulent. Chacun fréquente le sien où il a ses habitudes, ses relations. Là, on trouve les journaux viennois et étrangers, parfois son courrier, on joue aux échecs et surtout on parle, on parle énormément. Rien ne s'entreprend, rien ne s'achève, tout est fumée, jeux de mots, étincelles d'humour, constructions de l'esprit, discussions métaphysiques... On est entre hommes.

C'est un café, le Griensteidl, qui sert de haut lieu à la « Jeune Vienne », ce petit groupe d'intellectuels parmi lesquels Arthur Schnitzler et Hugo von Hofmannsthal. C'est au Griensteidl que le journaliste Karl Kraus, l'homme le plus haï de Vienne, dîne tous les soirs. C'est au café du Louvre que Theodor Herzl, l'inventeur de l'État juif, a réuni les premiers sionistes. C'est au café Central que se retrouvent les sociaux-démocrates et que Trotski joue aux échecs tous les soirs. C'est à l'Impérial que l'on peut voir Mahler dépouiller les journaux les lendemains de première. C'est au Herrenhof que se réuniront les poètes quand le Griensteidl sera démoli.

Dans « un monde de la sécurité où toute transformation radicale, toute violence paraissait impensable » (Stefan Zweig), où l'on avançait sans heurt sur ce que l'on croyait être la voie du progrès, le café est, à Vienne, la plus solide des institutions.

Tandis que la belle impératrice vagabonde, Élisabeth, erre à travers l'Europe, François-Joseph de Habsbourg règne, dans son palais de Schönbrunn, sur une mosaïque de nationalités – Magyars, Tchèques, Slovaques, Allemands, Autrichiens germanophones, Galiciens, Croates – plus ou moins antagonistes, indépendantistes, ou pangermanistes, écheveau de contradictions qu'il se garde bien de chercher à résoudre puisque leur solution supposerait la fin de l'Empire. Alors il compose, et tout cela paraît tenir ensemble. Il faudrait, pour s'en préoccuper, un goût de l'anticipation qui est aussi peu viennois que possible, peut-être parce qu'il est étranger au bonheur.

Parmi les sujets de l'Empereur, les juifs de la bourgeoisie viennoise, complètement « assimilés », sont les plus fidèles. Tout a commencé en 1867 avec l'inscription dans la Constitution de la liberté religieuse et de conscience, signe de l'émancipation. Depuis, la symbiose s'est opérée, comme dans l'Espagne du XVe siècle. Dans la mesure où les juifs avaient une chance nulle de faire carrière dans l'armée ou la haute fonction publique, ils se sont dirigés vers les professions libérales, l'industrie, et occupent une place forte dans l'aristocratie financière. Le grand journal libéral de Vienne, le *Neue Freie Presse*, appartient à une famille juive, les Benedikt. Libéraux, ils soutiennent l'Empereur et l'État multinational, parce que c'est le gage de leur sécurité. Que se passerait-il en effet si l'Empire éclatait? Les juifs forment un peuple, l'histoire officielle de la monarchie les désigne ainsi, mais contrairement aux autres peuples qui composent l'Empire, c'est un peuple sans territoire. Le libéralisme multinational est donc sa sauvegarde.

Juif ou non, tout Viennois a recours, vis-à-vis de la bureaucratie impériale, au piston qu'on appelle la *Protektion*. L'un pour ses affaires, l'autre pour son avancement, le troisième pour obtenir un poste... Même Freud en usera. Tout le monde connaît quelqu'un qui connaît quelqu'un qui connaît quelqu'un.

Singulière, Vienne l'est aussi par le cas qu'elle fait de l'art. On y cultive un esthétisme sensuel exaspéré, unique dans les capitales européennes car il envahit toute la société. Ce phénomène est si puissant et si original, si on compare Vienne à Paris, Londres ou Berlin, qu'il intrigue.

Selon Carl E. Schorske, il s'explique ainsi : la culture est la voie qu'a empruntée la bourgeoisie viennoise pour s'assimiler à l'aristocratie qu'elle n'a pu ni détruire, comme ailleurs, ni pénétrer.

Entre l'aristocratie impériale qui fournit les militaires et les hauts fonctionnaires, et ce qu'on appelle à Vienne « la deuxième société », c'est-à-dire l'élite de la bourgeoisie où se confondent banquiers, industriels, membres des professions libérales, intellectuels, artistes, il n'y a ni contacts ni échanges. Tout au plus une jeune fille richement dotée pénètre-t-elle parfois, par effraction, dans la première société.

Or la bourgeoisie viennoise, active, prospère, individualiste, libérale, est entrée dans l'histoire. Par l'architecture, elle a fixé dans la pierre cette entrée : les grands travaux des années soixante qui ont complètement remodelé la ville autour d'un anneau central, le Ring, ourlé de monuments et de demeures grandioses, c'est le sceau bourgeois sur la capitale impériale. Par le mécénat, qui concerne tous les arts, la bourgeoisie relève la plus ancienne tradition aristocratique. Et elle le fait grandement. Quand les artistes du mouvement « Sécession » chercheront un lieu d'exposition pour l'art moderne, c'est l'industriel Karl Wittgenstein, le père du philosophe, qui financera pour l'essentiel l'édification d'un bâtiment. Quand seront imaginés en 1903 par l'architecte Josef Hoffmann et le décorateur Kolo Moser les Wiener Werkstätten, les ateliers d'artisanat qui ont pour objet « d'éveiller l'intérêt des masses par un style moderne raffiné », c'est l'industriel Fritz Wärndorfer qui les financera, jusqu'en 1914.

La bourgeoisie soutient enfin largement la vie théâtrale et musicale dont elle raffole. La première chose que nous regardions dans notre journal, dit Stefan Zweig, c'est le programme des spectacles.

L'exaltation de la culture dans toutes ses manifestations est telle que Vienne est sans doute la seule ville au monde où les pères se réjouissent lorsque leur fils décide de se consacrer à la musique ou à la littérature. Le père d'Arthur Schnitzler, médecin, furieux quand son fils abandonne l'exercice de la médecine pour se consacrer au théâtre, est si exceptionnel que toute la ville en parle. Il se consolera d'ailleurs le soir de la première de *Liebelei*. Le père d'Hugo von Hofmannstahl *(Le Chevalier à la rose, Elektra)* est en revanche l'exemple même de la tradition empruntée par la bourgeoisie : il a élevé son fils pour que celui-ci apprenne à jouir des plaisirs de l'esprit.

Vienne est enfin la seule ville au monde où artistes et intellectuels ne cultivent nulle révolte contre l'élite bourgeoise. Ils lui resteront longtemps, au contraire, parfaitement intégrés. C'est une couche sociale tout entière, cohérente, où chacun connaît l'autre qui cultive « l'art pour l'art » dans l'unanimité.

Quelles qu'aient été les origines historiques de cette attitude, elle prend, à la fin du siècle, le caractère d'une fuite devant les réalités.

En ce temps-là, on croit encore en Europe, et pas seulement à Vienne, que l'homme est un être de raison qui se rendra maître de la nature par la science et maître de lui-même par la morale. Grâce à quoi, il construira une société juste, en voie d'élaboration. C'est le credo même du libéralisme qui gouverne en Autriche depuis les années soixante.

On sait qu'il y a des mécontents, surtout parmi les paysans, les artisans, les ouvriers, on sait que des partis se sont constitués, socialistes, chrétiens-sociaux, pangermanistes, nationalistes slaves, mais rien ne paraît menacer le pouvoir établi, celui du gouvernement issu d'élections libres au suffrage censitaire.

On a tremblé, à Vienne, un certain 1er mai où les socialistes ont défilé dans le Prater, en rangs serrés de quatre, chacun portant un œillet rouge. A la stupeur générale, les manifestants n'ont rien cassé, rien pillé, ils ont marché dans la belle verdure de la Nobelallee en chantant *L'Internationale*, et on a respiré.

Or, voilà qu'éclate un coup de tonnerre. Aux élections municipales de 1895, Vienne est balayée par un raz de marée chrétien-social. Le chef de ce parti, Karl Lueger, antisémite militant, a su récupérer le mouvement pangermaniste d'un autre antisémite virulent, Schönerer. L'un et l'autre seront les maîtres à penser de Hitler.

Lueger maître de la ville? L'Empereur oppose son veto, et refuse d'entériner les élections. Et Freud fume un cigare pour célébrer l'attitude de l'autocrate devant lequel, lorsqu'il était jeune, il a refusé de se découvrir!

François-Joseph, qui exècre l'antisémitisme et n'a pas d'inclination particulière pour le socialisme municipal préconisé par Lueger, résiste pendant deux ans. Certains de ses ministres essayeront en vain d'obtenir du Vatican le désaveu du leader catholique.

Mais lorsque, rappelés aux urnes, les Viennois confirment leur choix, l'Empereur est obligé de capituler. En 1897, Karl Lueger, dont l'antisémitisme est essentiellement tactique (« Qui est juif, c'est moi qui décide »), bon politicien, devient maire de Vienne. Beau avec sa grande barbe blonde, bon gestionnaire, fondant sa propagande sur la défense des petites gens, l'homme est considérable. Il est l'un des premiers grands démagogues modernes. La politique était, jusqu'alors, une affaire qui se négociait entre élites. Lueger est le premier qui lui applique les techniques de mobilisation des masses.

Aux élections législatives suivantes, c'est dans tout le pays que le parti libéral recule. Il ne retrouvera jamais les sièges perdus.

Comment réagirent les bourgeois viennois, libéraux de toujours ? D'abord choqués, abasourdis, soudain avertis de la brutalité des rapports sociaux, ils se désintéressèrent purement et simplement de la question et se réfugièrent dans les œuvres de culture. De l'impuissance des libéraux attestée par leur échec, ils conclurent à la vanité de l'action politique, se détournèrent des affaires publiques, abdiquèrent leur fonction de citoyens et s'engouffrèrent dans l'art comme substitut à l'action, lieu où puiser un sens à la vie. Ils choisirent de cicatriser par l'esthétisme les plaies ouvertes par la politique.

Déchirante stratégie de retardement devant la marche de l'histoire, défense de la vraie vie face aux forces de la mort, élégance dans « l'art de prendre congé », véritable génie mis à éluder dans l'hédonisme tout problème moral ?

Quelqu'un lance une formule qui deviendra symbolique de l'esprit viennois : la situation est désespérée mais elle n'est pas grave.

Progressivement, ce glissement hors du monde réel – « *die Gleissende* », disait Hofmannsthal – s'accompagnera d'une exacerbation du moi, d'une rage d'introspection, de l'exploration du monde intérieur, de l'intuition d'un conflit entre les valeurs de la morale traditionnelle et les réalités psychologiques.

Au début du siècle, le temps est venu pour que

Freud découvre aux hommes qu'ils ne sont pas gouvernés par la raison mais par deux forces obscures : Éros et Thanatos. Mais, Viennois entre les Viennois, le bon docteur attendra 1908 pour s'inscrire sur les listes électorales.

Quant à Arthur Schnitzler, la seule notation que l'on trouve dans son journal relative aux affaires publiques est la suivante : « Nous avons même parlé politique. » C'est en 1897. Hofmannsthal, constatant que l'angoisse née de l'échec libéral a engendré une passion croissante pour l'art, conclut : « Il faut prendre congé du monde avant qu'il ne s'effondre. Beaucoup le savent déjà et un sentiment indicible rend beaucoup de gens poètes. »

Il faut ajouter que, dans le même temps, la culture est devenue instrument de gouvernement et qu'il y a donc conjonction entre l'attitude générale et celle de l'État. C'est que l'art apparaît, en haut lieu, comme le moyen de transcender les nationalités, la culture comme le domaine où les différents nationalismes peuvent se rejoindre, où cela peut prendre sens de se dire autrichien.

C'est dans ce climat de « joyeuse apocalypse », selon l'expression de Robert Musil, d'art érigé en valeur suprême, ciment symbolique de l'empire multinational, qu'Alma a évolué. Elle serait inintelligible dans un autre contexte.

Pour compléter ce tableau rapide, un mot encore de la situation des femmes dans la société viennoise à la fin du siècle, c'est-à-dire lorsque Alma est dans ses vingt ans.

Certaines Viennoises occupent dans la société la place qu'ont occupée certaines Françaises au XVIIIᵉ siècle. Vienne a féminisé la culture comme, en d'autres temps, Paris. Berta Zuckerkandl – déjà nommée – reçoit tous les dimanches, dans son appartement décoré par Josef Hoffmann, artistes et intellectuels. La comtesse Wydenbruck, Ida Conrat, la femme de l'industriel Karl Reininghaus, bien d'autres encore tiennent salon. Les femmes sont d'allure plus libre qu'en France. On en voit certaines fumer. Alma se rend seule à ses cours de musique. Néanmoins, les jeunes filles sont élevées dans le respect religieux de leur virginité, la pruderie règne, les hystériques pullulent, les hommes, célibataires ou non, vont solliciter des actrices ou des petites employées ce que les femmes de leur milieu brûlent de leur donner mais l'honneur, que faites-vous de l'honneur? Une femme honnête n'a pas de corps à Vienne, comme partout ailleurs. Si elle découvre qu'elle en a un, c'est le diable qui s'introduit dans le bénitier. Une fois sa sexualité éveillée, l'irrépressible violence de ses instincts, sa propension naturelle à la luxure se déchaîneront. C'est contre elles-mêmes qu'il faut défendre les femmes, par l'éducation et la contrainte. C'est d'elles, femmes dévorantes, sexes béants, que les hommes doivent se protéger, sauf à y perdre le meilleur d'eux-mêmes. Car la femme, goulue, détourne l'homme des préoccupations de l'esprit, dont il a le privilège, elle distrait ses forces des accomplissements supérieurs, elle est l'ennemie naturelle de la morale, de la raison, de la création.

Dans un livre retentissant publié en 1903, *Sexe et Caractère*, un jeune philosophe de vingt-trois ans, Otto Weininger, pousse jusqu'au délire cette vision héroïque de la virilité opposée à l'abjecte féminité, synonyme d'abandon aux instincts aveugles de la nature première. Weininger, qui a un grain de génie, pose un autre postulat : c'est que tous les êtres humains sont bisexuels, porteurs de la double composante virile et féminine. Il est le premier à l'écrire. Freud et Fliess lui reprocheront d'ailleurs d'avoir dérobé cette découverte en utilisant des conversations confidentielles. « Il a ouvert le château avec une clef volée », dira Freud.

Mais Weininger ne tire pas de sa découverte fulgurante les conclusions que l'on pourrait espérer. Observant ce qu'il appelle la féminisation de la société qui sape, selon lui, les valeurs viriles, dénonçant à la fois la Mère et la Putain, double visage du principe de décomposition, il fustige les femmes « amorales et lascives » avec une violence inouïe.

A ce procès il ajoute, par analogie, celui des juifs. Observant que des conduites typiquement féminines selon lui – malhonnêteté, matérialisme, ruse – sont le fruit de l'intériorisation d'une oppression millénaire, il attribue aux juifs les mêmes traits pour les mêmes raisons et les confond dans la même haine.

Ayant dit, Otto Weininger – qui est juif – se suicide. Il a vingt-trois ans et avant de mourir écrit : « Je crois avoir donné une réponse définitive à ce qu'on appelle la question féminine. » Admirable prétention. Il faut dire que la question en question est brûlante au cœur de la société viennoise.

Parallèlement, les choses bougent. En 1897, une femme est admise à la faculté de médecine. Une fille de la haute bourgeoisie, Rosa Mayderer, fonde le Rassemblement des femmes autrichiennes. Avec l'appui de son mari, architecte, elle milite calmement pour que de nouveaux droits soient accordés aux femmes... et les adjure de faire de la bicyclette! Rien qui contribue davantage, selon elle, à l'émancipation. Elle réfutera fermement, dans un essai, *Sexe et Caractère*, les thèses d'Otto Weininger.

Des idées neuves commencent à se répandre sur ce que devraient être les relations d'un couple formé de partenaires égaux. Mais une chose est de préconiser ces relations, une autre de les vivre. Arthur Schnitzler, le dandy subtil, est l'un de ceux qui seront pris dans cette contradiction. On lui doit cet aphorisme : « Ce que j'aimerais le plus, c'est un harem, et je voudrais qu'on ne me dérange pas. »

Quant à Mahler, fiancé avec Alma il lui écrit : « Ne crois pas que dans la relation entre deux époux je fasse de la femme une sorte de passe-temps, chargée malgré tout du ménage et du service de son mari. Tu ne crois pas, n'est-ce pas, que ce soit là ce que je pense? » Et, en effet, il ne le pense pas. Mahler n'est pas un homme vulgaire. Ce qu'il attend d'elle va bien au-delà. « Tu dois soumettre ta vie future dans tous ses détails à mes besoins et ne rien désirer que mon amour. »

Il lui demande « seulement » de se fondre en lui, tous désirs, toutes ambitions, tous rêves abolis.

Son exigence est celle du génie créateur fondé à anéantir tout ce qui dérange ou entrave sa démarche. D'ailleurs, il est bien rare que les créateurs s'en privent. Il y a, chez Mahler, la force particulière de ceux qui sont sûrs de créer une œuvre majeure et que cette certitude soutient à travers toutes les difficultés, les incompréhensions, les moqueries, les échecs. « Je voudrais assister à la première audition de ma symphonie dans cinquante ans », dit-il après un mauvais accueil. Intimement, il pense qu'on le jouera un jour autant que Beethoven, il pense qu'il est Beethoven. Intimement.

Le drame est qu'Alma ne croit pas à son génie. Ce qui la subjugue chez Mahler, c'est le chef d'orchestre, c'est le directeur de l'Opéra, c'est la Vedette, dirait-on aujourd'hui, qu'elle va écouter quasiment tous les soirs.

Qu'elle le rencontre, et il ne lui faudra pas le temps d'un dîner pour le mettre en état d'amour.

3

Jusque-là, elle a flirté autant et plus qu'il n'est permis. Alma est la fille d'un peintre paysagiste de bonne réputation, Emil Jakob Schindler, et d'une petite cantatrice, Anna Bergen, qui a renoncé à sa carrière pour se consacrer à son mari. Après des débuts difficiles, Schindler a été arraché à l'obscurité par des mécènes, les soucis matériels ont disparu, les commandes ont afflué et, jusqu'à sa mort, le peintre va mener grand train dans un château romantique des environs de Vienne où il donne fête sur fête.

Alma adore ce père délicieux qui lui lit Goethe à huit ans, et n'a que dédain pour sa mère, qui semble avoir été une personne charmante cependant, bien qu'un peu légère...

Une petite sœur, Grete, plus effacée, connaîtra un sort tragique. Après un mariage heureux, elle fera plusieurs tentatives de suicide. On l'internera. Alma arrachera alors à sa mère la vérité : Grete n'est pas la fille de Schindler mais d'un amant de passage qui était vraisemblablement syphilitique comme tant d'autres en ce temps. Après l'Anschluss, les nazis mettront Grete à mort comme tous les aliénés.

Enfants, les deux sœurs s'entendent bien, la famille vit dans le luxe et la soie, quand Emil Schindler succombe, au cours d'un voyage avec les siens, à une occlusion intestinale. Alma a treize ans. Elle est bouleversée.

Après un délai de décence, Anna se remarie avec le

disciple et assistant de Schindler, Karl Moll, un géant blond qui est son amant. L'adolescente est ulcérée. « On n'épouse pas le balancier quand on a eu la pendule », écrit-elle. Elle pardonnera mal à sa mère cette « déchéance ». En vérité, Karl Moll n'est nullement le personnage falot sur lequel Alma s'essuie les pieds et dont elle refuse la moindre tutelle.

C'est un peintre de valeur. C'est aussi un homme avisé qui jouera un rôle de premier plan dans la vie artistique viennoise et dans le commerce des œuvres d'art.

A dix-sept ans, Alma n'a jamais été à l'école sauf pendant quelques mois, et n'a reçu qu'une vague éducation religieuse, mais elle connaît Wagner par cœur. Elle a même abîmé une jolie voix de mezzo-soprano en chantant tout le répertoire wagnérien dont elle raffole. Elle apprend le contrepoint, dévore des partitions, s'essaye à la sculpture et elle a beaucoup lu.

Un ami de son père, Max Burckhard, juriste éminent, grand homme de théâtre qui a révélé Ibsen aux Viennois, dirige ses lectures. Il lui a constitué une bibliothèque classique qu'il lui envoie, un soir de Noël, dans deux immenses paniers. Elle a même lu Stendhal et surtout Nietzsche que Burckhard lui révèle et dont elle devient dévote. La morale des maîtres lui convient on ne peut mieux.

Burckhard lui forme l'esprit, la chaperonne, l'emmène au festival Mozart à Salzbourg, au théâtre, à l'Opéra. Il a vingt-cinq ans de plus qu'elle. Ce serait un père de substitution parfait s'il ne s'était épris d'elle plus que de raison. Elle se montre provocante, cruelle... Il s'éloigne, revient. « Sa virilité puissante m'intrigue », note la jeune fille dans son journal. Intriguée, flattée mais non troublée, elle s'amuse de lui.

C'est Gustav Klimt, « le prince des peintres », qui va, le premier, l'émouvoir. « Joue avec les dieux », recommandait son père. Klimt sera le premier d'entre eux.

Il fréquente la maison Moll parce que, avec Karl et un troisième peintre, Josef Engelhart, il a conçu le projet de faire « sécession ». Il s'agit de rompre avec l'académisme viennois encore dominé par un habile faiseur, Makart, et de révolutionner purement et simplement l'ensemble des arts plastiques et même décoratifs. Projet grandiose qui va se développer au cours de réunions dans le salon de Berta Zuckerkandl.

Berta est une figure de Vienne. Fille d'un grand journaliste, journaliste elle-même, mariée avec un professeur d'anatomie renommé, Emil Zuckerkandl, liée depuis l'adolescence avec Georges Clemenceau, l'homme d'État français, qui la chargera parfois de missions politiques, Berta est une grande jeune femme brune exubérante âgée alors d'une trentaine d'années, qui reçoit tout ce que la capitale compte d'artistes. Sollicitée par ses amis, elle va multiplier les rencontres et les séances de travail entre tous ceux – peintres, architectes, décorateurs – qui bientôt décident de rejoindre Klimt et Moll.

Les membres fondateurs de la Sécession seront quarante qui se donneront Klimt comme président. La seconde « période » de ce peintre virtuose si hautement représentatif de son époque va s'ouvrir.

Mais il faut aux Sécessionnistes un lieu d'exposition. Le palais officiel, le Kunsthaus, n'est pas ouvert à l'art moderne. Alors on se démène, on cherche de l'argent, on chasse le mécène... Moll, qui est bon organisateur, prend en main les questions matérielles.

Le Kunsttempel, construit par Josef Maria Olbrich en six mois sur une esquisse de Klimt, est en soi révolutionnaire. Il repose tout entier sur six piliers, et ses cloisons sont amovibles. Au fronton, la devise de la Sécession : « A chaque époque son art, à l'art sa liberté. »

La Sécession met aussi en œuvre une revue, *Ver Sacrum*. Et Klimt, devenu familier de la maison Moll, tombe sous l'empire d'Alma.

Elle a dix-sept ans, et selon ses propres termes, elle est « une belle jeune fille chrétienne ». Klimt a trente-cinq ans. Ce n'est pas un grand esprit mais c'est un grand artiste. Comme paysagiste, auteur de fresques dans le style de Makart – ce peintre-décorateur qui a régné jusqu'en 1880 sur l'esthétisme viennois sous toutes ses formes –, sa situation est considérable.

L'homme est taciturne, blond au teint mat sous son collier de barbe. Il porte des robes de moine pour avoir ses aises, pratique volontiers la provocation. Surtout, dans cette ville où l'on cultive le cancan comme le huitième art, chacun sait et va répétant que le peintre vit en concubinage avec une grande couturière, Emilie Flöge. Dans une société aussi soucieuse de convenances, Klimt passe pour excessivement original.

Mme Moll met donc un terme à l'inclination manifeste de sa fille, et la famille part pour l'Italie. Mais voilà que Klimt accourt, les suit de ville en ville. Les Moll le tolèrent jusqu'au jour où Mme Moll découvre, en lisant le journal intime de sa fille, le récit d'un certain baiser... Elle somme Klimt de disparaître. Commencent alors des rendez-vous furtifs dans les rues de Venise où Alma réussit à tromper la surveillance maternelle, des serments passionnés s'échangent, Klimt jure d'enlever Alma, elle promet de le suivre...

Retour à Vienne, elle le revoit, résiste de justesse à l'invitation à visiter son atelier parce qu'elle tient à sa virginité, ce bien précaire... Alors Karl Moll intervient. Et interdit provisoirement à Klimt l'accès de sa maison. Klimt est atterré.

Dans une longue lettre attendrissante où il plaide non coupable, il écrit : « Alma est belle, intelligente, spirituelle, elle a tout ce qu'un homme peut exiger d'une femme et cela en abondance. Je crois que partout où elle apparaît dans le monde masculin, elle est maîtresse, souveraine...(...) Est-ce que tu ne trouves pas compréhensible qu'il y ait des moments où l'activité du cerveau devient irrégulière, confuse en ce qui la concerne? » Il s'incline cependant. Il tient à l'amitié de Moll et souhaite la conserver. Alma, de son côté, se soumet la mort dans l'âme. Mais que faire d'autre?

Après un intermède, le peintre et la jeune fille se reverront chez des amis communs. Klimt se tiendra bien mais, jusqu'à sa mort, il gardera pour Alma cette tendresse particulière aux amours inaccomplies.

Au-delà de cet épisode coïncidant avec la Sécession, la carrière du prince des peintres va se déployer avec éclat. Comme si, dans sa nouvelle manière, il se donnait pour objet de saisir l'essence même de la féminité, il couche sur des feuilles d'or des femmes rêveuses, sinueuses, à la chair tendre, aux mains fines, aux longs cheveux flottants, si douces, si perverses, si dangereuses... Klimt, c'est l'écho que la peinture renvoie à Freud.

Et puis arrive le scandale. Le ministère de la Culture a commandé au peintre trois fresques pour orner le hall de l'Université : Philosophie, Médecine, Jurisprudence. Quand ces fresques sont exposées, elles soulèvent un tollé. Quatre-vingt-sept professeurs signent une pétition pour demander au ministre qu'elles ne soient pas montées à l'Université. Emil Zuckerkandl, doyen de la faculté de médecine, prend fait et cause pour Klimt, mais il est bien seul. Dans la fresque « Médecine » une femme nue, à gauche du tableau, et une femme enceinte sont jugées outrageantes pour la morale. Quant à l'interprétation que donne Klimt de la philosophie, c'est peu de dire qu'elle dérange. Furieux, Klimt déclare qu'il remboursera les honoraires qu'il a reçus et qu'il gardera ses fresques. L'affaire prend une tournure politique, le ministre de la Culture, Wilhelm von Hartel, est interpellé au Parlement... Un député chrétien-social demande comment le gouvernement peut « tolérer un tel abus de l'art mettant en péril la morale de la jeunesse à l'aide d'images obscènes... ». L'État décline la restitution des honoraires du peintre et exige que les fresques soient remises aux fonctionnaires du ministère. Klimt refuse d'obtempérer. Quand le camion arrive devant chez lui pour embarquer les trois panneaux, il crie : « Si vous approchez, je tire ! Dites-le au ministre ! »

Pour finir c'est l'État qui cédera. Mais la violence de la polémique, le caractère qu'elle a pris ont détourné Klimt des sujets allégoriques, « engagés ». Il deviendra surtout jusqu'à sa mort, en 1918, le portraitiste des jolies femmes de la société viennoise qui lui passent commande. Les trois fresques ont été détruites, en 1945, dans le château d'Immendorf incendié par les nazis.

Klimt avait cependant un admirateur en la personne

d'Hitler qui se flattait, comme on sait, d'ambitions du côté de la peinture. A la fin des années trente, le Führer demanda que soit organisée une exposition de ses toiles. On réunit pour lui une série de portraits. Il demanda : « Qui est-ce ? Et celui-ci ? Et celui-là ? » Une série de noms juifs tombèrent. Hitler annula l'exposition.

C'est un compositeur aujourd'hui redécouvert, Alexandre von Zemlinsky, qui succède à Klimt dans le cœur d'Alma.

Celui-là, elle l'a rendu fou. Se laissant embrasser, caresser, autorisant toutes les privautés sauf la dernière, parlant de fiançailles, refusant le mariage, jetant le chaud et le froid, entretenant avec lui une correspondance enflammée, elle va le torturer pendant deux ans.

Il est son maître de musique.

Sa laideur est remarquable – « un gnome hideux » selon Alma – mais ses yeux irradient l'intelligence, et comme tous ceux qu'elle a touchés de son aile, il a une personnalité hors du commun. A vingt-cinq ans, auréolé des encouragements que lui a prodigués le vieux Brahms, il a écrit deux opéras – l'un, *Il était une fois*, monté par Mahler à l'Opéra de Vienne –, il est à la fois un compositeur doué et, déjà, un pédagogue incomparable. Son compagnon de musique favori – qui épousera plus tard sa sœur Mathilde – est alors Arnold Schönberg avec lequel Alma se lie grâce à lui.

Seule femme ou presque parmi les élèves du cours Zemlinsky, Alma tient à briller et y parvient malgré les avertissements de son professeur qui la met en garde contre des ambitions prématurées. Mais bientôt, il n'en est plus aux avertissements. Quand elle ne se rend pas à son cours, Zemlinsky vient la faire travailler chez elle et ils ne se quittent plus.

Ils ne sortent pas ensemble. Alma ne tient pas à s'exposer aux cancans si elle adore les rapporter. Mais quand ils ne se voient pas, ils s'écrivent.

Entre les « journaux » d'Alma et la centaine de

lettres de Zemlinsky qui ont été conservées apparaît une relation mouvementée où Alma alterne les élans les plus vifs et les accès de froideur. Et le jeune homme, alors, se désespère.

Tout commence en musique, évidemment. « Il était en train de me jouer *Tristan*, je me suis penchée sur le piano les jambes flageolantes et nous sommes tombés dans les bras l'un de l'autre... »

D'abord Zemlinsky est ébloui.

« Je t'aime, mais tu es bien trop belle pour moi. Peut-être des hommes comme moi méritent-ils un tel bonheur mais ils ne l'obtiennent jamais... »

Plus tard : « Personne n'aime quelqu'un autant que je t'aime... »

Elle veut à tout prix savoir s'il a eu des relations physiques avec une femme qu'on lui a attribuée pour maîtresse. Il le confesse. Alors Alma joue le grand air de la jalousie rétrospective, une jalousie pathologique qui lui est consubstantielle. L'Unique, l'Incomparable, Alma la déesse ne peut pas tolérer qu'une autre ait occupé, fût-ce fugitivement, les pensées, le cœur, les sens de qui prétend l'aimer. Non seulement il va de soi qu'elle doit les occuper totalement dans le présent où la moindre amitié, la moindre affection dont elle n'est pas l'objet lui est offense, mais elle veut aussi avoir été la seule.

Zemlinsky multiplie les protestations d'amour. Elle le persécute pour qu'il lise Nietzsche, ce à quoi il finit par se résoudre, lui déclare qu'elle a décidé de ne jamais se marier. Il répond qu'il n'en fera rien non plus, s'humilie :

« Je veux m'agenouiller devant toi, baiser ton vêtement, te révérer comme quelque chose de sacré. »

En une semaine, deux jeunes hommes la demandent en mariage, dont un certain Felix Muhr. Elle écoute celui-ci, « aimable, distingué et cultivé ». Riche de surcroît. Et en parle à Zemlinsky qu'elle met aux cent coups.

La cruauté de la jeune fille le révolte. Et ce plaisir qu'elle paraît prendre à l'humilier en lui répétant ce que, prétendument, chacun dit de lui. Zemlinsky est laid, Zemlinsky est pauvre. Comme pour lui faire mesurer ce que la plus belle fille de Vienne daigne lui accorder : le droit de l'aimer. Il est las de quémander, las d'attendre le jour où elle acceptera d'être sa femme et pourquoi pas? Zemlinsky n'est pas n'importe qui! « Mon amour, lui écrit-il, as-tu donc tellement à donner que les autres soient toujours obligés de mendier? »

Mais dès qu'il se rebiffe, elle le reprend en main car elle y tient, à son maître de musique, de toutes les manières. Et avec une inconscience grandiose, elle se plaint de lui donner plus qu'elle ne reçoit. Attitude constante chez Alma qui la reproduira toute sa vie, avec chacun de ses hommes : elle est toujours persuadée qu'on lui doit plus qu'on ne lui donne puisqu'on se doit à elle tout entier!

Pendant l'été 1901 – Alma aura vingt-deux ans le 31 août –, la jeune fille part en vacances, avec les Moll, sur le Wolfgangsee. Zemlinsky a espéré qu'il serait invité. En vain. La séparation est prétexte à une correspondance échevelée à l'insu de Karl et Anna Moll, doublée de lettres sages où Zemlinsky parle de composition et de lectures communes, destinées celles-là à donner le change aux parents suspicieux.

Lorsque les jeunes gens se retrouvent à Vienne, les sentiments de Zemlinsky sont exacerbés. Il la connaît, comme il la connaît! « Je sais tout! Toutes tes idées, ta vanité sans bornes, ta quête du plaisir!... » Et puisqu'elle ne cesse de proclamer le prix qu'elle attache à celui dont elle prétend vouloir un enfant, il exige, comme « preuve d'amour, une heure de bonheur » hors de toute présence.

Laissons la parole à Alma. Ce qu'elle note dans son *Journal* mérite d'être lu :

« S'il ne se donne pas tout entier à moi, mes nerfs en souffriront beaucoup mais s'il se donne *tout entier*, les conséquences seront fâcheuses. L'un et l'autre sont également dangereux. Je désire follement ses embrassements, je n'oublierai jamais le contact de sa main au plus profond de moi-même comme un torrent de flammes! Une telle félicité m'a submergée! Ainsi donc, on peut être tout à fait heureux! Il existe un bonheur complet! J'ai appris cela dans les bras de mon bien-aimé. Avec une petite (un mot illisible) de plus, j'aurais été au septième ciel. Encore une fois, tout en lui m'est sacré.

« J'aimerais m'agenouiller devant lui et embrasser son ventre découvert, embrasser tout, tout! Amen! »

Où l'on voit qu'Alma n'a pas froid aux yeux et brûle de feux qui, souvent, la consumeront. Mais elle attache à sa virginité une valeur symbolique qui dépasse nettement son objet.

Elle ne donnera pas au jeune homme « l'heure de bonheur » qu'il sollicite.

D'ailleurs elle vient de rencontrer Mahler.

4

Cette fois, il s'agit d'un homme a sa mesure. Un maître. Il en a la dimension, l'ambition, la réputation. Et il a vingt ans de plus qu'elle.

A Vienne où il dirige l'Opéra de la Cour, la Hofoper, depuis 1897, il est célèbre, adulé, vilipendé, encensé, attaqué... C'est un personnage majeur de la ville.

Il est petit, plus petit qu'Alma, vigoureux sous une allure frêle, frémissant, corps et visage toujours en mouvement, d'une nervosité épuisante.

Dans le jardin du Belvédère où il fait sa promenade quotidienne, son étrange démarche impatiente amuse les enfants. Sa fidèle amie la violoniste Natalie Bauer Lechner l'a décrit ainsi :

« Il lève la jambe et frappe le sol du pied comme un cheval. Jamais plusieurs pas de suite n'ont exactement le même rythme. Parfois, quand il saisit un interlocuteur par la main ou par son vêtement, il tape du pied comme un sanglier. »

Il se ronge les ongles. Sa voix est profonde, puissante, ses colères fameuses. Quand elles éclatent, ses yeux bruns lancent des flammes à travers ses lunettes de myope, les petites veines bleues de ses tempes se gonflent, sa chevelure noire semble se dresser sur son crâne, il crépite, il brûle, il étincelle, il est effrayant. Quand il rit, sa belle bouche énergique révèle des dents très blanches, son rire joyeux, sonore, est contagieux.

Contrairement à la plupart de ses contemporains, il

est glabre et selon l'état de son humeur, qui peut varier d'un instant à l'autre, son visage paraît très jeune ou au contraire flétri. Sa distraction légendaire le conduit à sortir en oubliant de se peigner, ses chaussettes pendant sur ses bottines. Il est capable de n'importe quelle incongruité, et même il les accumule.

Il dirige l'orchestre et les chanteurs de la Hofoper d'une main implacable, avec style, originalité, grandeur, au milieu de conflits sans nombre. Ceux qui sont inhérents à la fonction mais aussi ceux que provoquent sa tyrannie, son despotisme, ses exigences inouïes en matière de précision et de sonorité.

La considération dont il jouit est entièrement fondée sur cet aspect de son activité – et le restera longtemps pour ne pas dire jusqu'à la fin de sa vie. Hostilité, dérision, incompréhension, dénigrement, torrents d'injures, il aura tout à connaître des adversaires de sa musique partout où elle sera jouée, sauf peut-être en Hollande.

A Vienne, la création dans la capitale de sa *Première Symphonie*, qui a eu lieu peu avant sa rencontre avec Alma, a été accueillie par les rires, les sifflets et le déchaînement de la presse. Alma, pour sa part, a quitté la salle « pleine de colère et de rancune » contre l'auteur.

A l'automne 1901, il dirige la Hofoper depuis quatre ans et les résultats qu'il a obtenus, l'éclat de ses réussites, la qualité des spectacles offerts aux Viennois tiennent encore en respect l'animosité de ses ennemis. Mais ceux-ci ne désarment pas, situation classique à toute époque s'agissant de tout opéra, non moins éprouvante cependant et aiguisée, s'agissant de Mahler, par le flanc qu'il prête aux musiciens et à la presse antisémites.

Il s'est converti au catholicisme en février 1897. Sans quoi, après Prague, Budapest, Hambourg, il n'aurait jamais obtenu ce bâton de maréchal que représente pour un chef d'orchestre l'Opéra de la Cour de Vienne. Il l'a fait apparemment sans état d'âme, comme une formalité. Dans sa vision du monde et son aspiration vers un Dieu de miséricorde, il est certainement plus proche de la foi chrétienne que de la foi judaïque.

Alma dira de lui : « Il est relié à Dieu par téléphone. »

La formalité accomplie, il n'en reste pas moins le juif Mahler.

Son meilleur soutien lui vient de la Cour. La protection du Grand Chambellan, le prince Montenuevo, est vigilante. Mahler sera même, cet automne-là, augmenté.

Les bonnes langues prêtent à M. le Directeur de l'Opéra, à juste titre, des aventures avec quelques cantatrices – il est hypersensible aux sopranos. La dernière en date est Selma Kurz. Mais il vit avec sa sœur, Justi. On le dit couvert de dettes, on chuchote qu'il souffre d'un mal incurable.

Il a été gravement malade, en effet. Des hémorroïdes – qu'il appelle « mes maux souterrains » – profondément enfoncées dans le canal rectal ont provoqué une hémorragie intestinale qui a failli l'emporter. Ce n'est pas le premier accident de ce genre dont il est atteint mais c'est le plus grave.

Ce soir-là, le 24 février 1901, il dirige à l'Opéra une représentation de *La Flûte enchantée*, et manifestement, il souffre. Alma, qui n'a pas encore fait sa connaissance, est dans la salle. Lorsqu'elle aperçoit « ce visage de Lucifer, ces joues pâles, ces yeux de braise », elle fait remarquer à ceux qui l'accompagnent : « Personne ne peut poursuivre longtemps dans ces conditions... »

La nuit même, Mahler baigne dans le sang. Bien soigné, opéré, pour la troisième fois, par le chirurgien Hochenegg auquel l'Empereur a personnellement recommandé le précieux patient, il s'est lentement rétabli. Mais le sentiment qu'il a éprouvé de frôler la mort l'a ébranlé, semble-t-il, transformé plus encore que la douloureuse épreuve physique.

Pendant l'été, passé dans la maison qu'il vient de faire construire à Maiernigg, sur le Wörthersee, il a pu travailler et sa production a été particulièrement féconde – huit lieder dont trois des *Kindertotenlieder* (Odes à des enfants morts), et deux mouvements de la *Cinquième Symphonie*.

Il a quitté Maiernigg en plaisantant, dans une lettre à une amie, sur des séjours prolongés qu'il fait aux w.-c., et s'est amusé à préparer lui-même sa notice nécrologique : « Gustav Mahler a enfin connu le sort qu'il méritait à cause de ses nombreux forfaits. »

A l'automne, il a repris le combat de la Hofoper, soutenu maintenant par son cher et fervent disciple, le jeune chef Bruno Walter, lorsque Berta Zuckerkandl l'invite à dîner.

Mahler ne sort jamais, ne fréquente personne dans la bonne société viennoise, et ne supporte pas les inconnus. Mais il s'est lié avec Berta de curieuse façon.

La jeune femme est devenue la belle-sœur de Georges Clemenceau. Plus exactement, sa sœur aînée Sophie a épousé le frère de Clemenceau, Paul. Les deux sœurs et les deux frères sont très proches. S'est établi à travers eux, entre l'Autriche et la France, une sorte de pont culturel, parfois politique, le salon de Sophie à Paris répondant au salon de Berta à Vienne. Rentrant de Paris où il a été reçu chaleureusement chez Sophie, Mahler a téléphoné à Berta, porteur d'un message. Il faut que Sophie ait été bien charmante, et l'accueil fait à Mahler par les Clemenceau bien délicat pour qu'il ait accepté de passer voir Berta. Et très vite, il s'est pris d'amitié pour elle et pour son mari.

En novembre 1901, Sophie Clemenceau est de passage à Vienne, Berta organise un dîner en son honneur et prie Mahler d'y assister. Il accepte à condition qu'il n'y ait pas d'inconnu et précise : « Je ne mange que du pain complet et des pommes reinettes. » C'est un maniaque des régimes. « Je sais », dit Berta.

Quelques jours après, les Zuckerkandl rencontrent Alma sur le Ring et l'invitent à ce dîner. Elle refuse. « Je m'efforce depuis six mois de ne pas le connaître », dit-elle au sujet de Mahler. Celui-ci se décommande au dernier moment, on convient d'une nouvelle date, Berta renouvelle son invitation à Alma. Cette fois, la jeune fille accepte.

Le soir dit, elle est là, étincelante, lumineuse, assise à table entre deux de ses amoureux, Klimt et Max Burckhard, menant avec eux une conversation striée d'éclats de rire. Mahler se mêle à la conversation. Alma est vive, brillante... Après le dîner, Mahler manœuvre pour se rapprocher d'elle tandis que les convives se dispersent dans le salon.

Soudain Berta entend des éclats de voix. Elle se retourne. Alma paraît hors d'elle, Mahler trépigne, frappant le sol du pied. « Vous n'avez pas le droit de garder un an une partition qui vous est soumise! dit Alma. Surtout lorsqu'il s'agit d'un vrai musicien comme Zemlinsky. Il vous a envoyé son ballet, vous auriez pu au moins lui répondre!

– Mais ce ballet est nul! objecte Mahler. Il est incompréhensible. Vous qui vous intéressez à la musique, et qui l'étudiez, je crois, comment pouvez-vous défendre un pareil navet?

– D'abord, ce n'est pas un navet, tranche Alma. Vous n'avez sans doute même pas pris la peine de l'examiner. Et puis, même lorsqu'il s'agit de mauvaise musique, on peut se conduire poliment!

– Bon, dit Mahler en tendant la main à Alma. Faisons la paix.

Et il promet de convoquer dès le lendemain Zemlinsky.

– Voulez-vous que je vous explique le symbolisme du livret? propose Alma. Il s'agit d'un livret de Hofmannsthal.

– J'attends votre explication avec impatience! ironise Mahler.

– Alors vous, expliquez-moi donc l'argument de *La Fiancée coréenne*!

Il s'agit d'un ballet particulièrement absurde qui est alors au répertoire de l'Opéra.

Alma a gagné. Il rit, l'interroge sur ses études musicales, la prie de lui montrer un jour ses travaux, insiste pour que date soit prise.

Alma, un peu confuse de son emportement, s'éloigne pour rejoindre ses amis tandis que Sophie et Berta s'approchent. « C'est la première fois que je me sens à l'aise en société... », leur dit Mahler. Et il les invite à assister le lendemain, avec Alma, à la répétition générale des *Contes d'Hoffmann*, ouvrage qu'il apprécie.

Alma vient prendre congé. Mahler propose de la raccompagner à pied. Elle refuse. Il est tard, elle préfère un taxi. Il essaye de lui arracher la promesse de venir le voir à l'Opéra. « Oui, oui, si j'ai bien travaillé... », répond-elle. « Parole d'honneur ? » lance Mahler.

Il quitte la maison Zuckerkandl avec Burckhard et lui dit : « Cette jeune fille est intéressante et intelligente. Au début, elle m'a été antipathique et je l'ai prise pour une poupée. On ne prend pas les filles aussi jeunes et aussi jolies au sérieux d'habitude ! » Il presse Burckhard de questions au sujet d'Alma et s'attire cette réponse : « Ceux qui connaissent Mlle Schindler savent qui elle est, les autres ne doivent pas le savoir. »

Il est assez odieux, ce Burckhard, avec ses façons de propriétaire. Mais Mahler s'en moque bien. Il rentre chez lui, Auenbruggergasse, en marchant sur des nuages. En un mot, il est amoureux.

Alma, elle, rentre mécontente d'elle-même, se reprochant d'osciller, dans ces réunions, entre la timidité des orgueilleux qui la paralyse et une façon de « dévoiler toutes ses pensées en assumant l'apparence de la hardiesse et de l'audace ». Mais c'est ainsi, précisément, qu'elle captive, parce que de cette beauté on attend des niaiseries ou des banalités et que rien de tel ne franchit sa bouche.

Enfin, elle confie à son journal, à propos de Mahler :

« Je dois dire qu'il m'a énormément plu. Effectivement, il est terriblement nerveux. Il tournait en rond dans la pièce comme une bête sauvage. Il n'y a en lui que de l'oxygène et on se brûle lorsqu'on l'approche... »

Le lendemain matin, Berta et Sophie viennent la chercher pour l'emmener à l'Opéra. Mahler, impatient, les attend. Il aide Alma à enlever son manteau, mais il est si troublé qu'il néglige d'en faire autant avec ses autres visiteuses. Indulgente, Berta pardonne. « L'amour rend aveugle, naïf et stupide », écrira-t-elle à ce sujet. Et celui de Mahler, ce matin-là, éclate.

Il propose un thé dans son bureau. Alma, muette, se met à fouiller dans les partitions entassées sur le piano tandis que Mahler la mange des yeux.

« Mademoiselle Schindler, avez-vous bien dormi ? demande-t-il enfin.

– Très bien. Pourquoi pas ?

– Moi, je n'ai pas fermé l'œil. »

Après cet échange, Mahler emmène ses invitées dans la salle et prend congé d'Alma en lui rappelant sa promesse de venir le voir bientôt. Selon Alma, elle n'a pas encore conscience de « la seule chose qui puisse lui faire impression », c'est-à-dire de la grandeur de Mahler. Elle n'éprouve, pour ce petit homme agité, qu'un mystérieux respect.

Le lendemain matin, elle est encore au lit lorsqu'on lui apporte un pli. C'est un poème, anonyme. Ce ne sont pas les meilleurs vers qu'on puisse lire mais ils ne sont pas sans signification.

En une nuit cela est arrivé
Jamais je n'aurais pu l'imaginer
Le Contrepoint et l'étude des Formes
Se sont remis à me peser sur le cœur.

Ainsi donc en une seule nuit
Ils ont repris sur moi tout leur pouvoir
Même si toutes les voix devenues homophones
Suivent désormais le même chemin

En une nuit c'est arrivé
Je l'ai passée sans dormir
Désormais lorsque l'on frappe
Je tourne les yeux vers la porte

Parole d'honneur ! Ces mots-là
M'obsèdent et me hantent sans cesse
En canons de toutes espèces !
Les yeux sur la porte, j'attends.

Mahler a-t-il oublié de signer ? Il en est bien capable. En tout cas, Alma n'a aucune peine à identifier l'auteur du poème. Quelques jours plus tard, le 18 novembre, elle est à l'Opéra avec sa mère pour entendre l'*Orphée* de Gluck. Elle lève son regard vers la loge directoriale. D'abord Mahler, qui est myope, ne la reconnaît pas, puis « il se met à flirter d'une façon inimaginable de la part d'un homme sérieux ».

A l'entracte, Alma et Anna Moll se promènent au foyer quand Mahler surgit. La jeune fille le présente à sa mère. Une sympathie réciproque naît immédiatement. Mahler les emmène dans son bureau. Anna Moll dit combien elle serait heureuse de le recevoir. Mahler sort aussitôt d'un tiroir son grand agenda pour prendre date, à son retour de Munich où il doit aller diriger la création de sa *Quatrième Symphonie*.

« Est-ce que vous m'engageriez comme chef d'orchestre à l'Opéra? demande Alma.

– Oui, dit Mahler, oui, et je suis sûr que votre direction me plairait.

– Votre jugement ne serait pas objectif!

– Aucun jugement n'est jamais objectif! »

C'est la fin de l'entracte. Alma et Mahler se séparent, l'un et l'autre émus, convaincus « que quelque chose de grand et de beau a pénétré dans notre vie », écrit Alma.

Après la représentation, la mère et la fille retrouvent, pour souper, Karl Moll et Max Burckhard. Anna fait le récit de leur soirée et Moll s'emporte, reprochant à sa femme d'avoir laissé Alma pénétrer dans le bureau de ce « roué », ce « libertin »... Un homme âgé, malade, endetté, dont la position à l'Opéra est précaire... « Il n'est pas beau et ses œuvres ne doivent pas valoir grand-chose », ajoute-t-il.

Quant à Burckhard, jaloux assurément, il dit à Alma :

« Mahler était follement amoureux, l'autre soir. Que répondriez-vous s'il vous demandait en mariage?

– J'accepterais.

– Ce serait un péché! s'exclame-t-il. Vous, une si belle créature et de si bonne souche! N'abîmez pas cela en épousant ce juif rachitique et dégénéré. Pensez à vos enfants! Le feu et l'eau peuvent à la rigueur s'entendre mais pas le feu avec le feu. Vous serez opprimée et vous finirez par en souffrir. »

Mais ces exhortations laissent Alma imperturbable.

Quelques jours plus tard, elle est au piano, dans sa chambre, en train de travailler quand la femme de chambre accourt et annonce, pénétrée de son importance : « Gustav Mahler est là! » Là, c'est une ravissante maison construite et aménagée par l'un des architectes de la Sécession, Josef Hoffmann, dans le quartier de l'Observatoire – la Hohe Warte – où les Moll ont emménagé depuis peu. Velours, tapis d'Orient aux murs, vases du Japon, beaux objets dont Hoffmann vient de temps en temps vérifier l'ordonnance, la table des Moll est, de surcroît, réputée.

Mais rien de tout cela n'intéresse Mahler. Il monte dans la chambre d'Alma, tombe sur des livres encore entassés à terre avant d'être rangés, regarde, commente, s'indigne de voir là des œuvres de Nietzsche, conseille à Alma de les jeter au feu. Elle répond du tac au tac, il s'agace, propose une promenade. En descendant l'escalier, il rencontre Mme Moll qui l'invite à dîner le soir même. « Il y aura du poulet au paprika et Burckhard. » « Je n'aime ni l'un ni l'autre particulièrement », répond Mahler. Mais il accepte l'invitation. Il faut seulement qu'il descende au bureau de poste pour téléphoner chez lui.

Dehors, la neige est craquante. Alma et Mahler marchent d'un bon pas, mais les lacets de Mahler se dénouent sans cesse. A la poste, il s'aperçoit qu'il a oublié son propre numéro et doit appeler l'Opéra. Il obtient enfin sa sœur Justi et lui annonce, sans explication, qu'il ne rentrera pas dîner, événement rarissime.

Ils remontent, lentement, vers la Hohe Warte tandis que la nuit tombe sur la neige brillante, et Mahler livre enfin sa pensée. « Il n'est pas facile, dit-il, d'épouser un homme comme moi. Je suis entièrement libre et je dois l'être. Rien de matériel ne doit m'attacher. Je puis perdre mon poste à l'Opéra d'un jour à l'autre... »

Alma est capable de comprendre ce langage. Elle connaît la condition des artistes. Sur ce point au moins, justice doit lui être rendue : elle a pour le travail de création un respect sacré. Dans son échelle de valeurs, c'est ce qu'elle situe le plus haut. Avant l'argent, bien sûr, avant le pouvoir. Ils marchent longtemps, en silence, rejoignent la maison. Dans la chambre d'Alma, Mahler embrasse la jeune fille pour la première fois et parle de leur mariage « comme s'il s'agissait d'une chose simple et évidente, comme si tout avait été définitivement réglé par les quelques paroles prononcées en chemin. Pourquoi donc attendre ? »

Pendant le dîner, Mahler est à son meilleur et tient

l'assemblée sous le charme. Alma s'est laissé embrasser « sans le vouloir vraiment », elle l'a laissé décider de leur prochain mariage. « Lui seul peut donner un sens à ma vie, écrit-elle, il surpasse de loin tous les hommes que j'ai rencontrés. »

Mais la conquête d'Alma ne saurait se faire aussi facilement. Quelque chose en elle résiste à l'autorité de Mahler, à quelque autorité que ce soit, en fait. D'abord, dès le lendemain matin, Mahler lui fait parvenir ses lieder qu'elle déchiffre avec Zemlinsky. Celui-ci y met « un suprême mépris ». Elle y trouve, quant à elle, « une simplicité, une naïveté recherchées », les juge « inauthentiques ». Elle s'abstient, cependant, de le dire à Mahler et, en le remerciant de son envoi, lui suggère de lire les pages de Maurice Maeterlinck sur le silence. « J'y ai pensé avec force, dit-elle, pendant notre première promenade ensemble. »

Elle abrège sa lettre, car son écriture est indéchiffrable et qu'il faut s'y habituer. Mahler ne s'y habituera jamais et dans les flots de correspondance qu'ils entretiendront à travers les années la suppliera régulièrement d'essayer d'être lisible. Plus grave : tandis que Mahler est relativement apaisé, Alma a toujours « le sentiment d'appartenir à Zemlinsky » qu'elle continue de voir.

Après une nouvelle visite de Mahler à la Hohe Warte, elle écrit : « Il me dit qu'il m'aime, nous nous sommes embrassés, il me joue ses œuvres. Mes sens se taisent... Il faut que je me déshabitue lentement d'Alex... Je n'ai pu lui rendre ses caresses. Il y avait entre nous quelqu'un... Si seulement il était venu trois ans plus tôt! Ma bouche jamais profanée! » Le lendemain, elle note : « Je suis dans un terrible dilemme. Je murmure tout doucement " mon bien-aimé ", puis j'ajoute aussitôt " Alex ". Puis-je aimer Mahler autant qu'il le mérite? Est-ce que cela me sera possible? Comprendrai-je jamais son art et lui le mien? »

Fâcheuses incertitudes pour une jeune fiancée.

Elle hésite, s'interroge, scrute ses sentiments à l'égard de l'un, de l'autre. Écrit ceci enfin :

« J'ignore encore qui est en moi, je ne sais si je l'aime

ou si je ne l'aime pas, si c'est le directeur, le chef prestigieux ou bien l'homme... Si je fais abstraction de l'un, est-ce que j'éprouve quelque chose pour l'autre et pour son art qui est si éloigné, si terriblement éloigné de moi! En un mot, je ne crois plus en lui comme compositeur. Et si je dois lier ma vie à celle d'un homme... En vérité il était plus proche de loin qu'il ne l'est de près. J'ai peur! Nous nous sommes embrassés mais sans nous serrer l'un contre l'autre. Bien que ses mains soient expressives, je ne les aime pas autant que celles d'Alex. »

Des mains dont elle a gardé, comme on sait, le souvenir brûlant dans sa chair la plus intime. « Que faire? Et si Alex devenait fort et puissant? » Et elle se pose enfin la question à laquelle Mahler, bientôt, va répondre : « Une chose me tourmente. Mahler m'incitera-t-il à travailler? Soutiendra-t-il mon art? L'aimera-t-il comme Alex l'aime, en soi? »

Mahler la voit et lui écrit presque tous les jours, maintenant, tout ce qui peut venir sous la plume d'un homme amoureux.

Mais voilà qu'il part pour Berlin, où Richard Strauss a inscrit la *Quatrième Symphonie* dans une série de concerts donnés à l'Opéra. Ce départ apaise un peu Alma. Zemlinsky ou Mahler : cette fois elle est déterminée, c'est Mahler. « J'ai l'impression qu'il fera de moi un être meilleur. Il m'ennoblit. Mon aspiration vers lui ne faiblira pas. »

Incorrigible, cependant, c'est en l'absence de Mahler qu'elle reçoit le jeune homme beau, riche, cultivé et musicien qui la courtise depuis longtemps. Elle joue à quatre mains avec lui, puis le jeune homme lui demande ses intentions. Alors elle lui parle de Mahler et lui, « pâle et tremblant », déclare : « Mademoiselle, si vous refusez, je vais me supprimer. »

Avant de passer à l'acte – qu'il ne commettra pas – ce bon garçon rapporte à Alma les propos que lui a tenus un ami médecin. Mahler est atteint d'une maladie incurable. Syphilis? Tuberculose? De tels mots ne sont pas prononcés à l'époque. Incurable suffit. D'ailleurs son affaiblissement est visible. La réaction d'Alma est parfaite. « Ah! mon Dieu! Je vais le protéger comme mon enfant... Il guérira grâce à ma jeunesse et à ma force, mon maître bien-aimé. »

Remarquable aussi ce qu'elle écrit après avoir fait, toujours pendant l'absence de Mahler, la connaissance de Justi. Le frère et la sœur sont très proches. Mahler a vu mourir, dans l'enfance, huit de ses treize frères et sœurs. Il est attaché à Justi qui est une petite personne affectueuse. De Berlin, Mahler écrit à sa sœur : « Je t'en prie, aime vraiment Alma, j'en serais plus heureux encore. » Il l'a priée d'aider Alma à connaître « sa vie et son être ».

Les Zuckerkandl organisent une rencontre entre les deux femmes chez eux. Et, curieusement, il n'y a pas d'étincelles, elles se plaisent plutôt, et décident de se revoir. Alma se rend à l'Auenbruggergasse où Justi lui montre la chambre de Mahler, son lit, son bureau, ses livres, et se révèle « tout à fait charmante et gentille ».

Cependant, Alma s'inquiète. « Cela m'agace beaucoup lorsqu'elle m'observe et m'examine sans cesse avec tant d'intuition. Et cela pourrait devenir dangereux pour moi. Si par exemple elle en arrivait à penser que je manque de cœur et d'amour – ce qu'il m'arrive de murmurer tout doucement à moi-même – que je suis incapable d'un sentiment chaleureux, que tout (en moi) n'est que calcul, froid, clair calcul.

« C'est un homme malade et sa position peut s'effondrer d'un jour à l'autre. Il est juif, sa situation est lourdement hypothéquée, où donc est le calcul ? »

Le fait est. Les calculs d'Alma, quand calculs il y a, ne sont jamais médiocres. Elle a un parfait mépris de ce que d'autres appelleraient ses intérêts. Manque-t-elle, comme elle le suggère, de cœur et d'amour ? Certainement. Elle est avare d'elle-même, cette jeune femme qui parle sans cesse de « donner ». C'est pourquoi un certain bonheur, toujours, se dérobera au moment même où elle croira l'atteindre et la laissera amère au plus fort des passions qu'elle inspirera. Fondamentalement, elle ne veut pas donner. Elle veut recevoir amour et gloire, gloire et amour comme le tribut que le monde lui doit.

Donc, en l'absence de son fiancé, elle se divertit à

désespérer le jeune homme beau, riche, musicien et cultivé et l'écrit à Mahler. Puis, à une représentation des *Maîtres chanteurs*, elle remarque « le jeune docteur Adler qui me plaît et me trouble. J'ai été plus que coquette avec lui... Nous nous sommes dévorés des yeux sans que personne le remarque. Il a de longues et belles mains. Il y a une incroyable volupté dans un tel regard et l'homme est incroyablement beau. Ses yeux sont noirs comme la nuit, bref son visage me plaît! Il a de la race et on ne peut en dire autant du bon Mahler. D'ailleurs, je suis indépendante, fidèle à Gustav par la pensée. Ces regards hardis ne viennent pas du cœur ».

Certes.

Elle se décide enfin à « tout dire » à Zemlinsky par une lettre où elle lui propose, bien sûr, son amitié. Et note dans son journal : « Quelle perte pour moi! Ce merveilleux professeur... » N'est-il pas admirable, ce « quelle perte pour moi » au moment où elle exécute un homme qui ne respire que par elle?

Deux jours passent. Zemlinsky ne répond pas. Et puis il reparaît, évidemment. Léger baume sur sa plaie, son rival est le seul homme de Vienne dont Alma et lui n'ont jamais dit de mal, et pourtant ils s'y entendent!

Alma trouve le calme de Zemlinsky impressionnant, s'extasie devant « la virilité et la grandeur d'âme » dont il fait preuve en acceptant de continuer à lui enseigner la musique. Malheureux Zemlinsky.

A Berlin, Mahler se morfond, seul à l'hôtel, et écrit à Alma parfois deux lettres par jour. C'est un épistolier impénitent, qui écrit de belles lettres d'homme. Celle-ci par exemple :

« En ce moment je me découvre (surtout récemment depuis que mes pensées se dirigent vers toi) une ambition tout à fait ordinaire et presque indigne de quelqu'un comme moi! Je voudrais avoir du succès, être reconnu, toutes choses qui ne veulent rien dire, en vérité. Je voudrais *te* faire honneur. Comprends-moi lorsque je parle d'ambition. Certes j'ai depuis longtemps de l'ambition, mais je n'ai jamais été avide des honneurs que mes semblables, les contemporains pourraient me décerner. Pourtant, être compris de mes semblables, être estimé d'eux, même si je ne devais pas les connaître dans cette vie (en fait il faut les chercher ailleurs qu'ici-bas et dans cette époque-ci), j'ai toujours lutté pour cela : tel sera désormais mon but suprême! Pour cela il faut, ma bien-aimée, que tu sois auprès de moi. Sais-tu que pour obtenir cette récompense, cette couronne de lauriers, il me faut renoncer aux acclamations de la foule et même à celles de l'élite et des meilleurs qui, eux non plus, n'arrivent pas toujours à me suivre? Comme j'ai supporté allégrement jusqu'ici les soufflets des philistins, autant que le mépris et la haine des faibles d'esprit! Hélas, je sais trop bien que le peu de respect que je me suis conquis ne repose peut-être que sur un malentendu, ou en tout cas sur l'obscur pressentiment de quelque chose de supérieur mais d'inaccessible! Je ne parle naturellement pas de mon activité de « directeur » ou de chef d'orchestre qui sont, en fin de compte, et dans le plus haut sens du mot, des capacités et des mérites d'un genre secondaire. Je te demande de me répondre là-dessus : me comprends-*tu* en cela et veux-tu bien me suivre, Alma? Te sens-*tu* capable d'endurer avec moi toutes les épreuves, de revêtir même la robe de l'ignominie, de porter avec joie cette croix sur les épaules? »

Voilà qui appelle une réponse. Mais dans l'une de ses lettres suivantes on trouve cette petite phrase :

« S'il te plaît, Alma, n'oublie pas de me dire un mot de temps en temps à propos de ce que je t'écris. Je veux savoir si tu comprends tout ce que je veux te transmettre et si tu veux bien me suivre (...). J'aimerais avoir ta réponse sur ce que j'ai écrit à propos de l'ambition... »

Le même jour une deuxième lettre. Il raconte la dernière répétition de la *Quatrième Symphonie* dont il est « terriblement heureux ».

« Je pensais à chaque instant : si seulement mon amour était là, au milieu du public. Mon amour à moi. J'aurais contemplé la scène avec une réelle fierté. Si ça marche aussi bien demain, j'aurai vraiment un pied à Berlin... »

Mais ça ne marchera pas. Huées et sifflets, la presse musicale déchire l'œuvre et l'auteur. Décidément, Berlin ne l'aime pas.

Et Alma, l'aime-t-elle?

Depuis qu'il a quitté Vienne, il lui a écrit six lettres, toutes plus élevées de ton les unes que les autres, et il a reçu de curieuses réponses. Un jour, elle écrit plus brièvement que d'habitude, dit-elle, parce qu'elle attend Zemlinsky qui « sait tout » et continue à lui donner des leçons, « surmontant ainsi sa douleur avec une grande force d'âme ». Un autre jour, elle relate sa conversation avec Burckhard selon lequel deux personnalités aussi fortes que celles d'Alma et de Mahler ne peuvent s'entendre. Elle lui rapporte aussi l'épisode du jeune prétendant qui a menacé de se suicider. Comme toujours, l'écriture révèle ce que la parole, souvent, n'exprime pas. Mahler n'a pas apprécié. Il a été étonné, choqué, troublé. Y aurait-il entre eux un malentendu sur l'essentiel, le sens même de leur mariage?

Alors, de Dresde où il passe en rentrant de Berlin, il va lui envoyer vingt pages extraordinaires, qui méritent d'être lues dans leur entier. Elles sont uniques dans l'histoire des lettres d'amour.

« 19 décembre 1901.

« Ma très chère Almschi,

« Aujourd'hui, ma chère Alma, je me mets à t'écrire le cœur lourd. En effet, je vais être obligé de te faire de la peine, je le sais, et je ne puis pas faire autrement. Je dois te dire tout ce que ta lettre d'hier a éveillé en moi, car il s'agit d'un aspect de nos rapports qui doit être éclairci une fois pour toutes si nous devons être heureux ensemble.

« Je n'ai lu d'ailleurs qu'entre les lignes (car les lignes elles-mêmes, mon Almschi, j'ai eu de nouveau le plus grand mal à les déchiffrer). Entre cette lettre et celle que j'ai lue de toi après *La Flûte enchantée*, je trouve de flagrantes contradictions. Tu m'écrivais alors : " Je serai tout ce que tu souhaites, tout ce dont tu as besoin. " Ces paroles m'ont apporté un profond bonheur et m'ont rempli d'une heureuse confiance.

Maintenant, tu les retires peut-être sans le savoir. Laisse-moi d'abord reprendre tout le détail de tes lettres.

« D'abord la conversation avec Burckhard. Qu'est-ce donc pour toi qu'une personnalité? Je t'ai dit un jour, tu t'en souviens, qu'il existe en chaque être quelque chose de particulier et d'insondable qui le détermine au sens profond du mot et qui ne peut s'expliquer ni par l'hérédité ni par l'entourage. Dans ce sens, chaque être est une personne. Mais ce que vous voulez dire, Burckhard et toi, est autre chose. Ce genre de " personnalité " ne peut s'acquérir que lentement, par de longs combats, de nombreuses expériences et de terribles souffrances, par une disposition profonde qui se développe puissamment. Une telle " personnalité " ne se rencontre que très rarement chez les hommes. Tu ne pourrais en aucun cas compter parmi ces êtres solidement enracinés en eux-mêmes qui, en toutes circonstances, protègent et développent leur existence propre et inébranlable, qui se gardent de tout ce qui est étranger et négatif. Cela est impossible, car rien en toi n'est encore exprimé, ni développé, ni mûri.

« Que tu sois une personne attachante, infiniment attachante, que ton âme soit déjà épanouie, que tu sois un être ouvert, richement doué, parvenu très tôt au sentiment de sa propre valeur, cela ne signifie encore rien pour ta " personnalité ". Ce que tu es pour moi, mon Alma, et ce que tu pourrais peut-être devenir, le bien suprême et chéri de ma vie, le compagnon vaillant et fidèle qui m'aide et me comprenne, ma citadelle imprenable contre les ennemis du dehors et du dedans, ma paix, mon paradis dans lequel je me retrempe sans cesse pour me reconstruire et me retrouver moi-même : tout cela se dit en un seul mot, vaste, large, beau et élevé au-delà de toute expression, " ma femme "! Mais ce n'est toujours pas une " personnalité " dans le sens que l'on donne à ce mot en l'appliquant à ces êtres suprêmes qui façonnent non seulement leur propre existence mais celle de l'humanité et qui seuls méritent ce nom. Sache ceci : pour devenir une telle personnalité rien ne sert de le désirer ni de le vouloir. (...) Tous ces Burckhard, Zemlinsky, etc., n'ont pas de personnalité. Chacun se singularise d'une manière ou d'une autre par des adresses que l'on rédige d'une manière originale, une écriture illisible, etc. (je parle au figuré car on ne peut naturellement pas tout réduire à de si petits détails).

(...)

« Après ce long préambule, j'en arrive maintenant à toi. Vois, mon Alma! Toute ta jeunesse, ta vie entière, a été sans cesse menacée par ces compagnons à l'esprit confus, qui cherchent dans l'obscurité de fausses routes, qui couvrent toute vie intérieure par leurs criailleries et changent sans arrêt de noyau et d'écorce. Ils t'ont accompagnée, *dirigée* même (bien que tu croies être toujours indépendante), ils t'ont maltraitée. Ils n'ont pas cessé de te flatter, non pour ce que tu leur apportes mais parce que tu as échangé avec eux de belles paroles. (Toute contradiction vraie les dérange, ils n'aiment que les belles paroles. C'est ici de Burckhard, de Zemlinsky et de ses pareils que je veux parler, je ne le connais pas mais j'attendais mieux de lui. Il manque certainement de clarté et d'originalité.) Vous vous êtes grisés de mots. (Vous vous croyez " éclairés " et vous vous contentez de tirer les rideaux pour adorer la flamme du gaz comme s'il s'agissait du soleil.) Parce que tu es jolie et attirante pour les hommes, ils rendent inconsciemment hommage à ta beauté. Imagine seulement, mon Alma, que tu sois laide! Si dur que cela puisse paraître, tu dois me pardonner à cause de mon véritable et maintenant toujours invincible amour : tu t'es mise à tirer vanité de ce que les gens souhaitent et s'imaginent voir en toi (c'est-à-dire que tu aimerais être justement telle que tu leur parais). Dieu merci, cela n'est en toi que superficiel, tu l'as dit toi-même dans ta chère lettre! Parce que ces gens se flattent l'un l'autre, ils nient sans le vouloir tout être exceptionnel parce qu'il les dérange et les soumet à des exigences qu'ils ne peuvent pas remplir.

« Belle comme tu es, ils trouvent en toi une contradictrice provocante et pourtant tout à fait inoffensive parce que manquant d'arguments sérieux. C'est pourquoi vous n'avez fait que tourner en rond tout en croyant disserter sur la nature humaine – "ce que vous ne touchez pas est à cent lieues de vous".

« *L'arrogance* est toujours le propre de tels hommes : en dévidant l'écheveau de leurs pensées dans leur petit espace, ils croient accomplir la fonction unique de l'esprit humain. Même toi, mon Alma, tu n'échappes pas à cette arrogance. Des remarques comme (je n'ai pas l'intention d'instruire un procès pour autant car je sais que ce n'est que façon de parler) : "Que nous ne soyons pas *d'accord* sur certains sujets, sur certaines idées, etc.", d'autres en témoignent, et pas seulement de cela. Alma, mon enfant, nous serons unis dans notre amour et dans notre cœur... mais dans nos idées? Mon Alma, quelles sont donc tes idées? Le chapitre sur les femmes de Schopenhauer? L'antimorale du surhomme de Nietzsche, aussi fallacieuse que détestable? Les rêveries idéologiques fumeuses et éthyliques de Maeterlinck? Ce ne sont pas, Dieu merci, tes idées mais les leurs! (...)

« Pauvre de moi, qui n'en dormais plus tant j'étais heureux d'avoir trouvé celle, celle avec qui j'avais pu aussitôt tout partager, celle qui m'appartenait tout entière comme ma femme et qui était devenue un autre moi-même, celle qui m'avait écrit n'avoir rien de mieux à faire que d'entrer dans mon univers et de l'explorer, sans avoir à discuter sa foi, car l'amour était notre religion commune, etc.! A présent, je dois m'interroger à nouveau. Qu'est-ce donc que cette idée fixe qui s'est introduite dans cette petite tête si profondément et si tendrement aimée, qu'elle doit « être et devenir elle-même »? Que se passera-t-il le jour où la passion sera calmée (cela arrive très vite), lorsque viendra le moment non pas d'habiter mais de vivre ensemble et de s'aimer?

« Nous parvenons maintenant à la source de mes angoisses, au cœur même de mon inquiétude et de mes doutes, à ce qui a donné à chaque détail une telle importance : tu écris, "à *toi* et de *ma* musique" –

« *pardonne-moi mais cela aussi doit être* ". Là-dessus, mon Alma, il faut que les choses soient claires entre nous dès à présent, avant même que nous nous revoyions! Il va me falloir ici commencer à parler de moi car je me trouve dans l'étrange situation d'opposer à la tienne *ma* musique que tu ne connais pas et ne comprends pas encore. Je vais devoir me défendre contre toi et la placer dans sa vraie lumière. N'est-ce pas, Alma, que tu ne me tiendras pas pour vaniteux? Crois-moi, c'est la première fois de ma vie que j'en parle à quelqu'un qui n'a pas de vrai contact avec elle. Ne t'est-il pas possible de considérer désormais *ma* musique comme la *tienne*? Je ne veux pas encore parler ici en détail de " ta " musique. J'y reviendrai. Mais dans l'ensemble? Comment te représentes-tu un tel ménage de compositeurs? T'imagines-tu à quel point une rivalité si étrange deviendra nécessairement ridicule, et sera plus tard dégradante pour nous deux? Que se passera-t-il lorsque tu seras " en forme " et qu'il faudra t'occuper de la maison et de quelque chose dont j'ai besoin si, comme tu me l'écris, tu veux m'épargner les petits détails de la vie? Ne te méprends pas sur ce que je veux dire! Ne crois pas que dans la relation entre deux époux, je fasse de la femme une sorte de passe-temps, chargée malgré tout du ménage et du service de son mari. Tu ne crois pas, n'est-ce pas, que ce soit là ce que je pense? Mais que tu doives être « celle dont j'ai besoin » si nous devons être heureux, mon épouse et non pas ma collègue, cela, c'est sûr! Est-ce que cela signifie pour toi une interruption de ta vie? Crois-tu devoir renoncer à un grand moment de ton existence dont tu ne pourrais te passer si tu abandonnes complètement *ta* musique afin de posséder la mienne et aussi d'être mienne?

« Cela doit être clair entre nous avant que nous puissions songer à un lien qui nous unisse pour la vie. Que signifie donc : " Je n'ai pas encore retravaillé depuis... Maintenant je vais travailler, etc. etc. " Qu'est-ce donc que ce travail? Composer? Pour ton propre plaisir ou bien pour enrichir le bien commun de l'humanité? »

Il suspend sa lettre pour aller travailler, c'est-à-dire répéter la *Deuxième Symphonie*, il le faut parce que trois cents personnes l'attendent, mais dès l'après-midi il reprend la plume et enchaîne, après quelques mots :

« Tu n'as désormais qu'une seule profession – me rendre heureux. Me comprends-tu, Alma? Je sais bien que tu dois être heureuse (grâce à moi) pour pouvoir me rendre heureux. Mais les rôles dans ce spectacle qui pourrait devenir une comédie aussi bien qu'une tragédie (ni l'un ni l'autre ne serait juste) doivent être bien distribués. Et celui du " compositeur ", de celui qui " travaille " m'incombe. Le tien est celui du compagnon aimant, du camarade compréhensif. En es-tu satisfaite? J'exige beaucoup, beaucoup. Je puis et je dois le faire car je sais ce que j'ai à donner et ce que je donnerai.

« Comme elle me semble froide et incompréhensible ta conduite envers Zemlinsky! L'as-tu aimé? Comment peux-tu alors lui faire jouer le triste rôle de professeur? Il te semble grand et viril parce qu'il est devant toi, poli et muet, portant les traces de sa douleur et que, pour ainsi dire, " il obéit aux ordres "? Tu dis l'avoir aimé et tu supportes cela? Et quel visage devrais-je donc faire, moi, si j'étais assis là? Or tu devrais toujours imaginer que j'y suis. Est-ce donc que désormais ta vie n'est pas soumise à des lois naturelles qui ne sont pas tout à fait celles de la fugue pour que tu ressentes le désir et la possibilité de retourner peu à peu à tes occupations antérieures?

(...)

« Qu'est-ce donc que cette " fierté ", que cet " orgueil " ? Moi qui t'ai sans défense offert mon cœur tout entier et, dès le premier instant, dédié ma vie (et j'en connais pourtant de ces demoiselles ou dames riches, jolies, cultivées, jeunes, etc.), Almschi, je t'en prie, lis bien cette lettre! Il ne peut y avoir entre nous de simple intrigue amoureuse. Avant que nous ne nous parlions, il faut que tout soit clair. Tu dois savoir ce que je désire, ce que j'attends de toi et ce que je puis t'offrir, ce que tu dois être pour moi. Tu dois " renoncer" (comme tu me l'as écrit) à tout ce qui est superficiel (en ce qui concerne "personnalité" et "travaux"). Tu dois te donner à moi sans conditions, tu dois soumettre ta vie future dans tous ses détails à mes besoins et ne rien désirer que mon amour! Alma, je ne puis pas te dire ce qu'il est, j'en ai déjà trop parlé. Mais je puis te le redire : je puis sacrifier ma vie et mon bonheur à l'être que j'aime comme je t'aimerais si tu étais ma femme.

« Il me faut aujourd'hui m'exprimer avec cette démesure et cette emphase (je dois te paraître bien arrogant). Et puis, Alma, avant de venir te voir samedi, il faut que j'aie une réponse à cette lettre. Je t'enverrai un domestique pour cela. Tiens-la prête. »

Quelques lignes encore pour l'adjurer de dire « sans pitié » tout ce qu'elle a à dire. Il vaut mieux se séparer tout de suite que de « prolonger une aberration ». Ses derniers mots : « Alma, je t'en prie, sois sincère. »

Et voilà. Voilà la lettre la plus étonnante qu'une jeune femme de vingt-deux ans, jusque-là gâtée par les dieux, puisse recevoir. « Ma citadelle, ma paix, mon paradis, ma femme... », d'autres avant lui l'ont dit, d'autres le diront jusqu'à la fin des temps. Mais il l'admoneste, suggère que si ses amis lui trouvent de l'esprit, c'est uniquement parce qu'elle est belle, ironise sur son désir « d'être et de devenir elle-même », ridiculise ses choix littéraires et philosophiques avec le ton d'un homme plus âgé de vingt ans qui parle du haut d'un autre savoir... Enfin, surtout, il la nie purement et simplement, il se l'incorpore, il l'absorbe. Sa musique? Quelle musique?

Alma est suffoquée. Bouleversée. Glacée. Elle montre la lettre à sa mère, en parle avec elle fort avant dans la nuit. Anna Moll réagit vivement à cette sublime mise en esclavage que Mahler propose à sa fille. Il faut rompre, dit-elle, rompre. Mais les rapports de la mère et de la fille sont si ambigus que plus Anna insiste, plus Alma s'enivre du parfum du sacrifice sur l'autel du génie.

La lettre qu'elle remet le lendemain matin au

domestique de Mahler pour son maître est une reddition pure et simple. Il a exigé : elle promet.

Dans l'après-midi, retour de Dresde, Mahler vient la voir, heureux. Les ombres sont dissipées.

Il lui apporte la partition de la *Quatrième Symphonie*. Elle la lit et avoue ingénument : « Dans ce genre-là, je préfère Haydn. » Il rit, assuré qu'un jour elle changera d'avis. Ils jouent l'ouvrage ensemble, à quatre mains...

Après ces heures douces, Alma décrit longuement l'ardeur de ses sentiments, puis : « ... J'ai l'impression qu'il m'élève tandis que mes rapports avec Burckhard ne font qu'augmenter ma frivolité. J'ai honte de ses obscénités. Si Gustav m'entendait! Est-on plus heureux dans une vie frivole et sans scrupule ou bien lorsqu'on s'est tissé une vision si belle et si noble du monde? Plus libre dans le premier cas. Plus heureux? On est meilleur, plus noble. N'est-ce pas un obstacle à la liberté?. Oui, oui, mille fois oui! et, je vous le dis, ce sera dur!... » Les fiançailles officielles ont lieu en présence des Moll et de Justi le 23 décembre.

Par l'un des rares hasards heureux de la vie de Mahler, sa sœur entretient, à son insu, une liaison avec le premier violon de l'orchestre de l'Opéra, Arnold Rosé, et souhaite l'épouser. Ce mariage, à quoi elle n'a jamais osé penser tant il était inimaginable qu'elle abandonne son frère, devient au contraire doublement opportun puisque Justi va libérer l'appartement de l'Auenbruggergasse où Alma viendra s'installer. On baigne donc dans la félicité générale, autant que la nervosité de Mahler le permet, et dans ce climat taciturne et poétique à la fois qui entoure les fiançailles.

Les fiancés se voient beaucoup, s'embrassent énormément, polémiquent vivement au sujet de Jésus et de Dostoïevski que Mahler vénère et qu'Alma exècre, naturellement. Rien ne peut lui être plus étranger. Il s'indigne de l'indifférence d'Alma la nietzschéenne à l'égard de toute croyance et « se trouve dans la situation curieuse d'un juif défendant le Christ devant une chrétienne ».

Mahler est un homme de foi. Interrogé, plus tard,

dans le cadre d'une enquête sur la question : « Pourquoi créez-vous ? » il aura cette belle réponse : « Tisser le vêtement vivant de Dieu, ce serait au moins quelque chose... »

Comme Alma est loin de lui à cet égard. Et jeune, si jeune... Il se tourmente. Trop jeune ?

A la suite d'une indiscrétion, la nouvelle des fiançailles de M. le Directeur de l'Opéra se répand comme une traînée de poudre dans la capitale. Les journaux s'attardent sur la jeunesse, la beauté, le talent musical de celle qui va épouser le Maître. Mahler s'en exaspère mais Alma reçoit sans déplaisir lettres, fleurs, télégrammes de félicitations.

Quand elle paraît pour la première fois à l'Opéra dans la loge directoriale, tous les regards convergent vers elle. Avant et après la représentation, la salle salue Mahler d'applaudissements particulièrement chaleureux. Ce soir-là, ils sont heureux et, au restaurant Hartmann où ils vont ensuite avec les Moll, Justi et Rosé, ils fixent la date de leur mariage.

D'ici là, Alma va assister à une scène qui la laissera médusée. Invité par Mahler, Richard Strauss est venu diriger, à la Hofoper, son deuxième opéra, *Feuersnot*. Strauss, c'est le contemporain capital de Mahler dans l'ordre musical. C'est aussi l'anti-Mahler. Un géant blond, débonnaire, bon vivant, qui traverse la vie sur un chemin de roses. Admiré et fêté depuis l'âge de douze ans, on l'appelle en Allemagne Richard II. Chef comblé d'honneurs, Richard II est de surcroît fortement intéressé par l'argent.

Beaucoup moins exigeant que Mahler dont « l'effrayante nervosité » le surprend toujours, il est ébloui par la qualité de l'orchestre de Vienne qui est probablement le meilleur d'Europe, et tout à fait satisfait de la représentation qu'il a dirigée. Mais il y a Mme Strauss, Pauline de Ahna, cantatrice, sorte de tigresse volcanique que ses explosions imprévisibles ont rendue célèbre.

Le soir de la première représentation de *Feuersnot*, assise dans la loge directoriale à côté d'Alma, elle grommelle : « Quelle saloperie ! Impossible d'aimer ça ! Mahler s'est trompé, il a fait semblant de trouver ça bon... Il doit bien savoir que tout est volé à Wagner, à Maxi et à d'autres! »

« Qui est Maxi? demande Alma. – Un compositeur infiniment supérieur à Strauss, répond Pauline, Max von Schillings. »

Dix rappels accueillent Strauss, au milieu de quelques sifflets. Tout le monde se retrouve dans les coulisses où Strauss demande à son épouse ce qu'elle a pensé de la soirée. Elle lui « saute à la gorge comme un chat sauvage » et rugit : « Espèce de voleur! Comment oses-tu te présenter devant moi! Tu me dégoûtes! » Gêné, Mahler pousse les Strauss dans une salle de répétition et attend derrière la porte la fin de leur dispute pour les emmener souper. Les éclats de voix se poursuivent. Impatienté, il finit par annoncer qu'il part en avant, au restaurant, avec Alma. Alors la porte s'ouvre en coup de vent. Strauss paraît tandis que Pauline hurle : « Tu peux y aller, moi je rentre me coucher et ce soir je dormirai seule.

– Je vais t'accompagner jusqu'à l'hôtel! propose timidement Strauss.

– Soit. Mais tu marcheras à dix pas derrière moi! » intime Pauline.

Ce qu'il fera!

Au restaurant où il finit par rejoindre Alma et Mahler, il dit, pour excuser sa femme : « Elle est un peu violente, mais j'ai besoin de ça. » Après quoi toute la conversation tournera autour de problèmes de droits d'auteur et de calculs qu'il fait crayon à la main.

Oui, c'est ça, Richard Strauss. Un génie masochiste doublé d'un représentant de commerce.

L'étrange soirée va au moins permettre à Mahler et Alma de se sentir profondément d'accord sur l'impression qu'ils en ont retirée. « Je suis tout à fait fier que tu aies si spontanément discerné la vérité, lui dit Mahler. Ne vaut-il pas mieux manger le pain de la pauvreté et marcher dans la lumière que de perdre son âme en l'avilissant! »

Mais cet accord est loin d'être constant. Souvent, ils se heurtent, s'affrontent, et alors Mahler adopte aussitôt le ton du mentor.

Cependant, « il semble qu'ils soient tous les deux très amoureux », écrit Bruno Walter à ses parents.

Selon Alma, Mahler lui a confié qu'il était sexuellement inexpérimenté et qu'il en concevait quelque angoisse, angoisse à quoi elle n'a rien compris, dit-elle. Toujours selon son journal, elle a décidé de se donner à lui sans plus tarder, par égard « pour sa santé physique et morale ». Où l'on voit qu'elle a des notions d'hygiène toutes personnelles.

Un jour vient où les deux fiancés « s'unissent presque » dans la chambre où il la reçoit. Mahler est « agité et anxieux » mais elle éprouve « un sentiment pur et sacré » tout en redoutant qu'un sentiment de honte et de péché n'avilisse « le magnifique et saint mystère ».

Elle note :

« Nous avons eu peine à nous séparer. Pourquoi ces terribles conventions? Pourquoi ne puis-je tout simplement l'attirer vers moi? Notre désir nous consume et consume le meilleur de nos forces. Il découvre sa poitrine et je mets ma main sur son cœur. J'ai l'impression que son corps est à moi... »

Elle dénoue ses cheveux parce qu'il aime les voir épars.

« Avoir un enfant de lui! Son âme, mon physique! Lui appartenir déjà! »

Deux jours après, ils se retrouvent dans la même chambre de l'Auenbruggergasse, échangent quelques caresses. Et c'est le fiasco. Il « gît sans forces... pleurant presque de honte... abattu, bouleversé ».

Et elle écrit :

« Je ne puis dire à quel point tout cela m'a irritée. Tout d'abord cette agitation au fond de moi-même, l'approche du but et l'inassouvissement. Là-dessus, ses tortures, ses tortures inouïes! Mon bien-aimé! »

Trois jours après, dans ce même journal, trois mots – « Béatitude sur béatitude » – permettent de penser que Mahler a triomphé de lui-même. Mais quelques jours plus tard, elle note : « Mon pauvre Gustav suit un traitement médical. Inflammation, enflure, vessie de glace, bains de siège, etc. Est-ce à cause de ma longue résistance? Comme il doit souffrir! »

Où il apparaît que c'est moins l'inexpérience qui

afflige Mahler que les hémorroïdes qui n'ont jamais eu un caractère de stimulant érotique! Et que l'inexpérience est plutôt du côté d'Alma.

C'est un grand mystère que la vie intime de ce couple.

Après la mort de Mahler, Alma laissera entendre qu'il était quasiment impuissant, qu'il ne la touchait pas ou si peu... Et si mal... Un fragile puritain éprouvant tout plaisir comme coupable, selon elle. Impuissant, c'est improbable. D'autres, qui ont eu avec lui des aventures, ne se seraient pas privées de le faire savoir. Un souvenir d'enfance, qu'il a rapporté à sa femme, semble l'avoir marqué.

Il avait onze ans, il était pensionnaire à Prague, dans une famille, les Grünfeld, lorsqu'il a surpris la servante de la maison chevauchée par le fils Grünfeld, gémissant, criant... Il a voulu lui porter secours. On l'a surtout prié de se taire. De cette scène, il a conclu alors : voilà ce que ma mère a dû subir, voilà les violences et les douleurs qu'elle a endurées. De là à penser qu'il ne pouvait ni ne voulait infliger semblables douleurs... Le sûr est que la scène lui est restée à jamais en mémoire et qu'elle a dû, de quelque manière, commander certaines de ses conduites.

Selon le psychanalyste Theodor Reik, Mahler était obsédé par l'image de la Vierge comme figure représentative de l'idéal féminin qui élève l'homme. C'est cette idéalisation, cette conception sublime de la femme qui l'a éloigné de la sienne, sexuellement.

Les Mahler ont toujours fait chambre à part, confort courant dans la bourgeoisie du temps. Selon un rituel immuable, il ne rejoignait Alma dans son lit que lorsqu'elle était endormie.

Quels qu'aient été ses fantasmes, ses craintes, ses inhibitions, on peut au moins penser que Mahler fut moins bon amant que chef d'orchestre, et que de ce côté-là aussi Alma a été frustrée. Elle attendait manifestement tout autre chose d'un homme que des étreintes maladroites et furtives. Surtout d'un homme qui prétendait l'asservir, même si Mahler donnait de beaux noms à cet asservissement. De quoi nourrir la rancune qu'elle va accumuler contre lui.

Mais nous n'en sommes pas là. Elle a vingt-deux ans, elle admire son fiancé, elle se découvre enceinte, ce qui sera « source de grands tourments » et de nausées pénibles qu'il faut à tout prix dissimuler, et elle va faire connaissance avec quelques amis et familiers de son futur mari. S'agirait-il de la crème de l'élite la plus huppée, Alma ne les trouverait pas à son goût. On a déjà dit que sa jalousie à l'égard de toute affection passée ou présente est pathologique. Or, les amis de Mahler sont... ses amis, tout simplement. Des personnes sans éclat particulier.

Lui-même est issu d'une famille simple. Il vient d'une petite ville de Bohême, Iglau, où après beaucoup d'efforts son père a fini par posséder une distillerie. Ce père dur et sombre a eu au moins le mérite de pousser l'enfant, pianiste prodige, le plus loin possible dans ses études musicales et universitaires. Il l'a envoyé étudier à Vienne d'où le jeune homme a pris son envol. Mais Mahler traîne comme un fardeau le souvenir d'une enfance misérable, malheureuse, d'une famille frappée huit fois par la mort, d'une mère douloureuse et accablée d'ouvrage. Il entretient deux de ses frères qui ne sont bons à rien.

Un jour il dira à Alma : « Toi tu as de la chance. Ta lignée est d'éclat et de bonheur. Tu peux traverser la vie d'un pied léger, aucun passé douloureux ne t'encombre, aucune famille ne dépend de toi. Moi, au contraire, toute ma vie a été pénible. De l'argile colle à mes semelles. »

Non seulement il ne fréquente pas la société raffinée et joyeuse de Vienne, qu'il boude, mais il lui est fondamentalement étranger. A de très rares exceptions près, comme les Zuckerkandl, ce n'est pas là qu'il a ses amitiés.

De leur côté, ceux qui fréquentent Mahler nourrissent toutes les préventions contre Alma. Elle les suspecte, en bloc, d'être des petits-bourgeois aux idées étroites que Mahler « traîne derrière lui depuis l'enfance comme des boulets aux pieds »; eux la suspectent d'être trop belle, trop brillante, trop libre dans ses manières, son langage, ses vêtements pour être la compagne convenant à Mahler.

Six semaines avant son mariage, l'heureux fiancé organise un dîner chez lui pour procéder à des présentations. Il y a là Siegfried Lipiner, un écrivain, et son épouse. Lipiner a fait des débuts fulgurants, comme disciple de Nietzsche, mais il en est resté là. C'est l'interlocuteur préféré de Mahler. Il y a la précédente épouse de Lipiner, Nana, et son mari Albert Spiegler, ami de jeunesse de Mahler. Il y a Anna von Mildenburg, la cantatrice dont il fut, autrefois, épris. Et puis les Moll, Justi, Rosé et un jeune peintre décorateur de la Sécession ami des Moll, Kolo Moser.

Et Alma se conduit comme une pécore. Muette, elle ne se mêle à la conversation générale que pour lâcher des insolences ou des inepties, déclare que *Le Banquet* de Platon l'a « bien fait rire », répond à Mildenburg qui l'interroge sur la musique de Mahler : « Je la connais très mal et ce que j'en connais ne me plaît pas du tout. »

Consternation générale. Serait-ce que Mahler a trouvé sa Pauline et que, comme Strauss, il aime ça ? Non. Leurs rapports ne seront jamais de cette nature. Mais ce soir-là, il est amoureux. Alors, il rit, trouve un prétexte pour entraîner Alma dans sa chambre et s'y enferme avec elle pour l'embrasser tranquillement ! Quand Justi, embarrassée, finit par venir le chercher, le dîner a tourné au désastre. Les Lipiner et les Spiegler l'ont, comme on dit, en travers de la gorge. Il se passera des années avant que Mahler renoue avec eux.

En attendant, il reçoit une lettre féroce de Lipiner qui lui reproche sa « froideur profonde, permanente, éternelle », son égoïsme...

« Au fond de toi-même, poursuit-il, tu ne considères pas les autres comme des personnes mais comme des objets. »

Quant à Alma, son comportement dévoile, selon Lipiner, une nature « vaine, superficielle et dépourvue de chaleur », manquant à la fois de naturel, de sincérité et de bon sens ». Le ton de ses propos est celui d'un être « médisant, vaniteux, fâcheusement déluré... ». Et il s'interroge : quel lien profond peut donc exister entre Mahler et cette personne ?

On peut surtout s'interroger sur la conduite d'Alma, si prompte à séduire, pour peu qu'elle le veuille, hommes et femmes. En tout cas, elle a fait place nette : les vieux amis s'éloignent. Il est temps que finissent ces bizarres fiançailles où lui ne cesse de se tourmenter à cause de leur différence d'âge et, pourrait-on dire, de leurs différences tout court qui éclatent dans toutes leurs conversations, où elle se sent de plus en plus contrainte.

« Ce n'est plus comme autrefois, écrit-elle. Il veut me changer entièrement. J'y réussis tant que je suis près de lui, mais lorsque je suis seule, mon second moi, vain et mauvais, revient, il demande à s'exprimer et je dois y céder. La frivolité rayonne dans mes yeux, ma bouche ment continuellement et il le sent, c'est maintenant seulement qu'il s'en rend compte. Pour le moment, je le sais, il me faut monter vers lui. » Monter : c'est clairement cette illusion qui la porte. Même si elle méprise sa musique, elle a pressenti la dimension, la force morale de Mahler dont la tyrannie n'est qu'une forme de sa soif d'absolu. En ce sens, le choix d'Alma, qui, on l'a vu, ne manque pas de prétendants, est beau et traduit ce qu'il y a de meilleur en elle : un sens infaillible de la qualité, celle des hommes comme celle des choses. Mais au même moment, elle écrit aussi : « Il faut dès maintenant que je joue des coudes pour consolider la place qui m'appartient. Je veux dire artistiquement. Le fait est qu'il n'a aucune estime pour mon art et beaucoup pour le sien, et moi je n'en ai aucune pour le sien et beaucoup pour le mien. C'est ainsi. »

C'est la contradiction où elle va se débattre. Quant à lui, quelque douleur qu'il lui doive, on peut penser que cette étincelante créature si peu faite pour le rôle qu'il lui assigne était celle qu'il lui fallait pour donner un sens à sa vie, à son combat, à son œuvre.

5

Le mariage est célébré le 9 mars 1902 dans la plus stricte intimité, les époux et les témoins, c'est-à-dire les Moll et les Rosé.

Pour éviter toute publicité, la cérémonie a lieu dans la sacristie de la Karlskirche. Néanmoins, le journaliste Karl Kraus, saisissant l'occasion pour lâcher son venin sur Mahler qu'il déteste, ironise sur la « prétendue intimité », la présence de la presse et « d'une foule distinguée ». Ce Karl Kraus, maintenant que nous avons marié les Mahler et qu'ils roulent dans le train qui les emmène en Russie, parlons-en un peu car nous le croiserons plusieurs fois.

C'est une vipère mais autre chose aussi grâce à quoi il a positivement régné sur Vienne. Un terroriste intellectuel. Il a essayé d'être acteur, sans succès. Il est devenu journaliste et publie sous couverture rouge, à intervalles irréguliers, une revue qu'il a fondée en 1899, *Die Fackel* (« Le Flambeau »). Cette revue a dix mille souscripteurs qui se jettent sur chaque numéro comme sur la version contemporaine de la Bible. Là, Karl Kraus attaque, mord, déchire, dénigre, dénonce, mène croisade contre toutes les formes de scandale, un traité bâclé, un pot-de-vin, un passe-droit, une malversation.

Souvent, il s'attire des désagréments, un procès, une raclée. Il a eu un incident violent avec Moll après avoir rapporté des informations qu'il avait soutirées à Alma, au cours d'un dîner, sur une affaire d'exposition.

Quelques jours après, assise au café Impérial avec son beau-père, Alma aperçoit Kraus, signale sa présence à Moll. « C'est donc ce salaud ! » lance Moll, et il se lève... Mais Kraus a décampé. Une autre fois, Alma assistera avec délectation à un procès en diffamation à l'issue duquel Kraus sera condamné.

Mais ce n'est là qu'un aspect assez banal, en somme, du personnage et de son activité. La corruption qu'il dénonce le plus sévèrement – et c'est là son originalité –, c'est celle du langage.

Sa critique des mots, de leur usage et de la corruption de l'esprit qui en découle est puissante, illimitée. « Daumier du verbe », il en fera plus qu'une méthode, une philosophie de la pureté. Seul un retour à la langue de Goethe pourrait, selon lui, délivrer la vie politique de ses équivoques.

Cette attitude l'amènera à prendre des positions analogues sur l'art qu'il convient de débarrasser de toutes les afféteries dont les Sécessionnistes ont fini par l'encombrer. En musique, il ne supporte que Schönberg l'atonal. En peinture, il soutiendra Kokoschka. En architecture, il est l'homme d'Adolf Loos. L'esthétisme viennois lui apparaît comme une fuite romantique dans l'illusion. Pureté, dépouillement, rigueur... Il dénoncera aussi, au cours de sa longue carrière, le caractère de classe de la « jeune littérature » viennoise – Arthur Schnitzler, Hermann Bahr, Hugo von Hofmannsthal, Peter Altenberg –, uniquement préoccupée de forme et indifférente aux problèmes sociaux.

Érigé en juge, Karl Kraus distribue l'anathème, et ceux-là même qu'il exaspère ne peuvent se passer de le lire : il est le roi de Vienne. Et il le restera longtemps puisque, après une suspension volontaire pendant la Première Guerre mondiale où il écrit une pièce de douze heures composée d'extraits de journaux, *Die Fackel* reparaîtra jusqu'à sa mort, en 1936. Mais il finira sans audience, sans éclat, sans influence et, pour tout dire, déshonoré : le vieux polémiste social-démocrate intraitable, qui fit se pâmer tant d'auditoires à ses conférences en prêchant la pureté et l'intransigeance n'a trouvé, au sujet d'Hitler, qu'une phrase : « Quant à Hitler, je n'ai rien à en dire. »

Le roi est mort avant sa mort.

Parmi ses têtes de Turc favorites : Freud, auquel il est sourd – « La psychanalyse est cette maladie mentale dont elle prétend être le remède » –, Berta Zuckerkandl qu'il a baptisée « la sage-femme de la culture », et Mahler, tout en ayant conscience de sa valeur.

Il a assommé la création de la *Deuxième Symphonie*, à laquelle il n'a d'ailleurs pas assisté. A l'automne 1901, il lance une attaque virulente contre la gestion de Mahler à la tête de la Hofoper : « Jusqu'ici la presse libérale a passé sous silence l'exploitation abusive dont M. Mahler s'est rendu coupable à l'égard des forces artistiques de la maison autant que la décadence inimaginable du répertoire, etc. »

Le meilleur de Karl Kraus : ses aphorismes, dont celui-ci : « On ne vit pas même une fois. »

Mais il est temps de retrouver les Mahler retour de Saint-Pétersbourg où ils ont fait un voyage de noces agréable, semble-t-il. Mahler a donné trois concerts bien payés et bien accueillis, ils ont été reçus partout de la meilleure façon, le duc de Mecklembourg, membre de la famille impériale, les a priés à dîner... Certes, Mahler a eu l'une de ces terribles migraines qui parfois le terrassent, bien sûr il s'est enrhumé et elle aussi en se promenant dans une troïka découverte, mais Alma est soulagée de n'avoir plus à dissimuler sa grossesse et les lettres de Mahler à Justi le montrent détendu.

Les voici donc chez eux, Auenbruggergasse, d'où Justi a déménagé. L'appartement voisin a été libéré par son locataire et réuni au premier. Ils disposent donc de six pièces. Ce n'est pas le confort qui leur fait défaut, c'est l'argent. Mahler gagne bien sa vie, mais il s'est endetté pour construire la maison de Maiernigg où il travaille pendant les vacances, il a même emprunté sur la part d'héritage de ses parents mise de côté pour constituer la dot de ses sœurs, et Justi, dépourvue de vertus domestiques, n'a jamais su adapter le train de vie de son frère à sa situation financière.

Alma va prendre les choses en main. Rien ne la prépare à ce genre de problèmes, elle a toujours vécu dans une luxueuse insouciance, mais elle est une organisatrice-née. Qui plus est, elle considère que c'est son rôle d'épargner à Mahler les préoccupations triviales. Elle établit un budget, et un plan d'étalement des dettes sur cinq ans.

S'est-elle beaucoup privée comme elle l'indique maintes fois? Il y a la visite chez le baron de Rothschild à quoi elle renonce faute de chapeau. Il y a les robes rarement renouvelées alors qu'elle aime s'habiller et qu'elle y met un goût excellent tandis que Mahler, lui, est chaussé chez le meilleur bottier anglais. Disons que sûrement, elle doit compter et compter pour deux car lui regimbe...

Leur vie quotidienne est réglée comme une pendule. Il se lève à 7 heures, s'installe à sa table de travail où il prend son petit déjeuner et part pour l'Opéra vers 8 h 45. Vers 1 heure, on téléphone de son bureau pour prévenir qu'il part. Un quart d'heure après, un coup de sonnette donné à la porte cochère avise la cuisinière d'avoir à servir le potage pendant qu'il montera les quatre étages. Arrivé chez lui, il traverse toutes les pièces de l'appartement en claquant les portes derrière lui, se lave les mains dans la salle de bains et se précipite dans la salle à manger où Alma l'attend.

Sieste brève puis, enceinte ou pas, elle doit le suivre pour faire une promenade à pied, tantôt le tour du parc du Belvédère, tantôt le périmètre complet du Ring. Parfois, elle ose renâcler.

A 5 heures, thé à la maison puis il repart pour l'Opéra où, même lorsqu'il ne dirige pas, il assiste toujours à une partie du spectacle.

Dans la soirée, elle vient le chercher. Lorsqu'il n'a pas achevé son travail, il l'envoie dans la loge directoriale. Il y a des spectacles dont elle ne connaîtra jamais la fin parce qu'il passe la prendre au moment qui lui convient. Ils rentrent à pied, dînent. Après le dîner, il lui demande parfois de lui faire la lecture à haute voix.

Voilà la vie d'Alma Mahler.

Elle voit un peu les Moll, les Rosé, les Zuckerkandl,

Kolo Moser qui lui a dessiné d'audacieuses robes de grossesse... Quand, par une chaleur torride, elle accompagne Mahler à Krefeld où la *Troisième Symphonie* doit être créée dans le cadre du Festival de musique contemporaine, elle fait sensation dans la rue.

Le voyage de Vienne à Krefeld a été pénible. Faute d'hôtel convenable, les Mahler logent chez l'habitant, un riche fabricant de soie qui les observe avec méfiance. La famille tient Mahler pour « un célèbre directeur de théâtre qui a composé pour son plaisir une symphonie monstrueuse » et qui veut l'infliger aux autres. Un jour, en sortant de sa chambre, Mahler heurte par mégarde un seau d'eau qui roule du haut en bas de l'escalier jusqu'aux pieds de la maîtresse de maison. Écœurée, celle-ci s'écrie : « Vraiment, monsieur Mahler, les grâces ne devaient pas être réunies autour de votre berceau ! »

Il reçoit dans sa chambre la visite d'un compositeur néo-romantique allemand, Hans Pfitzner, qui est là pour le festival et en profite pour venir lui demander une réponse : montera-t-il son dernier ouvrage, *Die Rose vom Liebesgarten*, à Vienne ? Pour recevoir le jeune homme, Mahler a caché Alma dans l'alcôve, derrière le rideau. Et il accueille Pfitzner froidement. Il ne montera pas *Die Rose*, ouvrage trop long, livret obscur. Pfitzner plaide sa cause. Mahler tient bon, l'autre va se retirer, désappointé. Alors Alma surgit de sa cachette et lui serre chaleureusement la main. Elle obtiendra que Mahler monte *Die Rose*, trois ans après.

Krefeld bourdonne de critiques, compositeurs, chefs d'orchestre venus participer au Festival et, divine surprise, pour la première fois dans sa carrière de compositeur, Mahler reçoit un accueil triomphal. La *Troisième Symphonie*, œuvre monumentale qui attend depuis six ans sa création, est comprise, saluée, applaudie comme jamais Mahler créateur ne l'a été.

Rien ne permet de dire comment Alma a ressenti ce triomphe et si le jugement qu'elle porte sur la musique de son mari en a été si peu que ce soit modifié.

En fait, elle ne lui concédera jamais sa vraie dimension pour une raison qui transparaît à travers tous ses écrits : Burckhard l'a imprégnée de théories selon lesquelles un juif ne peut pas être créateur.

L'antisémitisme d'Alma est un peu spécial puisque deux de ses maris seront juifs. Mais cela lui vient comme par bouffées. Alors cette femme intelligente écrit des choses telles que : « Les juifs n'aiment pas les fleurs ! »... « les juifs comme toutes les personnes médiocres aiment la musique italienne. » Et on se demande à quoi sert l'intelligence. Elle écrit aussi : « Je ne pourrais pas vivre sans juifs... », et on craint de comprendre pourquoi. Les juifs étant, par quelque aspect non défini, « inférieurs », elle se sent avec eux délicieusement supérieure, parée de ce qu'elle nomme son « éclat chrétien ».

Dans la carrière de Mahler, Krefeld marque une date. Désormais, toutes les villes allemandes vont avoir à cœur d'exécuter la *Troisième Symphonie* et les éditeurs vont changer, eux aussi, d'attitude.

Il est heureux, donc, lorsqu'il part avec Alma pour Maiernigg où ils vont passer le temps des vacances, celui où Mahler compose. La maison de Maiernigg, située sur le Wörthersee entre le lac et la forêt, existe toujours. C'est une sorte de chalet solide et disgracieux, planté, avec ses deux étages, sur un terrain en pente raide.

Alma le trouve construit de neuf et aménagé par Justi.

L'ensemble est spacieux avec cinq ou six pièces principales donnant sur le lac, entouré d'un jardin et d'un pan de forêt. La vue est belle, l'intérieur laid. Alma commencera par arracher les colonnettes qui ornent les corniches des armoires. A proximité de la maison, dans la forêt, Mahler a fait construire un bungalow, un Häuschen, où se trouvent un piano et quelques livres. C'est là qu'il travaille.

Cet été-là, il achève la *Cinquième Symphonie*. Il se lève le matin à 6 heures, sonne la cuisinière, Élise, pour qu'elle porte aussitôt le petit déjeuner au Häuschen. Comme il ne veut voir personne avant de se mettre au travail, Élise doit emprunter un raidillon escarpé qui la soustrait à la vue de Mahler.

Dès qu'il s'est retiré, un silence absolu doit régner. Alma y veille et cajole les voisins les plus proches pour qu'ils enferment leurs chiens.

Au début de l'après-midi, il suspend son travail, descend jusqu'au lac pour se baigner. Il est bon nageur et ne craint pas l'eau glacée du lac.

Il a fait construire une petite maison à bateaux flanquée, de chaque côté, d'une cabine de bains dont l'escalier descend directement dans l'eau. Le toit est aménagé en plate-forme pour y prendre le soleil.

Une fois dans l'eau, il siffle pour qu'Alma le rejoigne. Après le bain, il bronze au soleil tandis qu'Alma, sans doute, se protège. Le hâle n'est guère dans les usages du temps. Puis tous deux remontent vers la maison en traversant le jardin dont chaque plante émerveille Mahler. Alma, elle, est indifférente à la nature.

Au moment où ils atteignent la maison, le déjeuner doit être sur la table. Il ne supporte qu'une nourriture légère, peu épicée, parfaitement cuite, ce qui afflige Alma habituée à une cuisine plus raffinée et persuadée que ces repas insipides « mettent l'estomac en danger ».

Après une brève sieste commence l'une de ces interminables promenades qu'il mène vivement de son pas irrégulier, où il va de soi qu'elle doit l'accompagner. Montre-t-elle de la fatigue ? – elle est enceinte de cinq mois – il s'arrête, murmure « je t'aime » et se remet en route. Munie de ce viatique, elle doit repartir. Ou au contraire s'arrêter, muette, parce qu'il a sorti de sa poche un carnet où il note une idée musicale en battant la mesure avec son crayon. Quelquefois, c'est long. Elle attend.

Tantôt ils longent la rive du lac, tantôt ils passent en barque sur l'autre rive. Ils ne se mêlent jamais à la petite société élégante qui, à Unterach, a coutume de s'assembler sur la jetée au moment de l'arrivée des bateaux.

En bref, ou Alma marche ou elle est seule, parfois pendant huit heures par jour. On ne s'étonnera pas qu'elle note, à la mi-juillet :

« Je ne sais que faire. Il y a en moi un terrible conflit.

Livrée à la douleur, je brûle de trouver un être qui pense à moi, qui m'aide à me trouver. Je ne suis plus qu'une ménagère.

« Je me mets au piano, je meurs d'envie de jouer mais j'ai perdu le chemin qui mène à la musique. Mes yeux ont oublié. Sans douceur, on m'a pris le bras et on m'entraîne loin de moi-même. Et je brûle de revenir là où j'étais. Avoir perdu tous mes amis pour en trouver un qui ne me connaît pas! »

Ce même été, elle se plaint à son mari. Mahler, « dans sa bonté infinie », se demande comment l'aider. Elle en est apaisée. Mais après une journée complète de solitude, la jeune femme sanglote. Et elle écrit : « Si j'aime, je puis tout supporter avec la plus grande facilité. Si je n'aime pas, c'est impossible! Si seulement je pouvais retrouver mon équilibre intérieur. Je me torture et je le torture aussi. Il m'a dit hier n'avoir jamais travaillé ni aussi longtemps ni aussi facilement et cela m'a exaltée. Mais (...) je n'ai jamais autant pleuré qu'en ce moment et pourtant j'ai tout ce qu'une femme peut désirer. »

Totalement absorbé par son travail, Mahler attache-t-il une réelle importance au triste état d'Alma? Il y est sensible, en tout cas, et compose un jour à son intention un lied bref et tendre, *Liebst du um Schönheit*. Il en glisse le manuscrit entre les pages de la partition de *Siegfried* qu'Alma a sur son piano, pour qu'elle l'y découvre.

Mais les jours passent sans qu'elle ouvre cette partition. Alors, n'y tenant plus, il lui tend le volume, la feuille tombe par terre... C'est « le premier chant d'amour, intime entre tous », écrit pour elle seule, et l'offrande la bouleverse.

Ainsi s'achèvent, dans un « splendide isolement », ces mois d'été où l'humeur d'Alma oscille entre la plus noire mélancolie et les moments d'exaltation lorsqu'elle se sent entraînée par Mahler vers les cimes.

Quand ils rentrent, Mahler a achevé la *Cinquième Symphonie* qu'il lui dédiera : « A ma chère Almschi, mon compagnon courageux et fidèle. »

Alma retrouve, à Vienne, les mêmes horaires rigoureux. Mais là, au moins, il y a les Moll et les quelques rares amis que Mahler supporte. Bientôt, elle va accoucher. Le médecin a annoncé une naissance difficile, ce dont on se garde de prévenir Mahler. Le 3 novembre 1902, pendant que sur son lit de douleur Alma endure mille morts, il arpente de long en large toutes les pièces de l'appartement. L'accouchement est interminable. Enfin, une petite fille vient au monde! Soulagement, joie, émotion... « Les choses ont été difficiles, dit le médecin à Mahler, parce que l'enfant se présentait par le siège. » Alors il éclate de rire et s'écrie : « C'est bien un enfant à moi pour montrer ainsi au monde la seule partie de lui-même qu'il mérite! » En souvenir de la mère de Mahler, on appelle la petite fille Maria, dite Putzi.

L'heureux père va se prendre immédiatement de passion pour elle. Quand elle tombe malade, il la berce longuement dans ses bras, en murmurant tendrement à son oreille, comme s'il savait d'instinct qu'il faut parler aux bébés. L'instinct d'Alma est moins sûr. Et même il est inexistant. Putzi ne fait vibrer en elle aucune fibre maternelle, ne lui fournit aucune « raison de vivre » qui l'arracherait à son mal-être.

Cinq semaines après la naissance de la petite fille elle écrit, dans le style amphigourique dont elle est coutumière, ces tristes lignes : « J'ai l'impression qu'on m'a coupé les ailes. Gustav, pourquoi as-tu lié à toi cet oiseau magnifique, heureux de voler, alors qu'un autre, lourd et gris, t'aurait mieux convenu... (...) J'ai été longuement malade. Calculs biliaires. Cause ou conséquence peut-être de mon agitation intérieure. Depuis huit jours et huit nuits j'invente au fond de moi-même de la musique. Avec tant de force et tant d'insistance que je la sens sous les mots que je prononce, si bien que je n'arrive même pas à m'endormir la nuit...

« Gustav vit sa vie. Mon enfant n'a pas besoin de moi. Je ne peux pas non plus m'occuper uniquement de *cela*.

« Maintenant j'apprends le grec. Mais, mon Dieu, où est donc mon but, mon but magnifique? Que Dieu me vienne en aide... »

Son humeur devient dure, sombre. Elle fait une scène de jalousie qui paraît bien incongrue à propos de deux chanteuses, « la Mildenburg et la Weidt », repousse son mari quand il s'approche d'elle en disant : « Tu me dégoûtes! » puis se reprend, écrit : « Quand je ne suis pas heureuse, ce n'est pas sa faute mais uniquement la mienne. »

Longue plainte mêlée d'auto-accusations, son journal ne traduit plus, pendant plusieurs mois, que tourments et regrets. Qu'est devenue la belle, la brillante, l'éclatante Alma?

Tout se passe comme si cette musique qu'elle ravale, la sienne, agissait comme un poison. Son physique est intact mais sa confiance en elle, sa joie de vivre sont comme évanouies.

Ce qu'elle fait le mieux, maintenant, aidée par la femme de chambre Poldi, ce sont les valises de Mahler qui se déplace souvent et qui doit savoir où trouver immédiatement l'aspirine dont il a besoin lorsqu'une migraine le saisit. Comme maîtresse de maison, organisatrice énergique de la vie quotidienne, elle est irréprochable. Et, bien sûr, Mahler ne lui en sait même pas gré. N'est-ce pas tout naturel? Et s'aperçoit-on jamais qu'une maison marche? On ne le découvre que lorsqu'elle ne marche plus. Cela n'arrivera jamais.

En avril 1903, l'arrivée à Vienne de Gustave Charpentier, le père de *Louise*, dont Mahler va créer l'opéra, et le passage de Richard Strauss, qui vient diriger deux concerts, vont la distraire un peu.

Le Français est un personnage. Il déambule drapé dans une cape noire, crache sur la table, se ronge les ongles. Mais Alma est séduite par « sa légèreté, la manière qu'il a de ne pas se prendre au sérieux, son laisser-aller bohème et son extrême galanterie ». Quand il lui presse le genou dans sa loge, elle trouve cela charmant. Chaque jour, Charpentier lui envoie des fleurs accompagnées des mots suivants : « A Mme Mahler, gracieuse muse de Vienne, la muse de Montmartre reconnaissante. » Il lui fait la cour, lui raconte sa vie, cherche – en vain – à lui faire partager ses convictions socialistes et dit à Mahler : « Quelle chance vous avez d'avoir auprès de vous un tel gamin! Elle est la clarté et la gaieté, le printemps dont tous les artistes ont besoin. »

Douce pluie d'été sur le cœur amer d'Alma.

Les Strauss viendront dîner à l'Auenbruggergasse. Strauss est essentiellement préoccupé par la création d'une société d'auteurs à laquelle il voudrait faire adhérer Mahler. Au cours de la soirée, Pauline est, comme à l'accoutumée, insupportable. Si bien que Strauss finit par entraîner Mahler dans la pièce voisine pour pouvoir converser sérieusement. Pauline énumère alors ses griefs contre Strauss. Il ne lui adresse jamais la parole, il ne lui donne jamais assez d'argent, lorsqu'il a fini de travailler il sort pour faire une partie de skat (un genre de belote). Ah! que la vie est dure aux côtés d'un génie! Elle finit par fondre en larmes. Alma va chercher les deux maris. De quoi parlent-ils? De l'*Histoire romaine* de Mommsen au sujet de laquelle ils divergent. Elle les ramène au salon où la conversation devient surréaliste, les considérations sur Beethoven coupées par les interventions de Pauline qui veut des renseignements sur les meilleurs coiffeurs de Vienne et les bons magasins de sous-vêtements.

Elle est formidable, cette Pauline. Un jour, Alma lui rendant visite a la surprise de la trouver au lit. Arrive Strauss muni d'une bague ornée de brillants qu'il tend à son épouse en disant : « Maintenant, tu vas bien accepter de te lever! »

Pendant la soirée de l'Auenbruggergasse, elle a probablement horripilé Alma en lui offrant, en somme, une caricature d'elle-même dans le rôle de la femme du génie opprimée. Mais enfin, les Strauss sont divertissants.

Au cours de la saison, Mahler s'est souvent déplacé. Depuis le succès de Krefeld, il n'a plus à solliciter les engagements, il peut exiger qu'une de ses œuvres soit inscrite au programme lorsqu'il accepte de diriger un concert en échange d'émoluments devenus plus substantiels.

Chaque fois qu'il part, il écrit à sa femme, tous les jours. Mais quelles curieuses lettres à une jeune femme angoissée qui essaye d'exprimer dans ses propres lettres ce qu'elle ne parvient plus à lui dire quand ils sont ensemble. Ainsi :

« De Lemberg, le 2 avril 1903.

« Il semble que mon exemple t'ait appris bien peu de chose. A quoi te servent donc Paulsen (un philosophe allemand) et tous les autres prophètes si tu recommences toujours à te perdre dans des détours insignifiants ? L'indépendance n'est qu'un vain mot quand on ne possède pas la liberté intérieure. Mais on ne peut y parvenir que par soi-même. Aime-moi donc un peu et songe à t'éduquer toi-même... »

Et quelques jours plus tard :

« ... On doit toujours tirer le meilleur parti de ce qu'on a et s'accommoder de ses propres accès de mélancolie en songeant aux plaies véritables du monde. Si je ne le faisais pas moi-même, je passerais mes journées à pleurer et à gémir et je rentrerais à la maison maigre comme un hareng. C'est loin d'être un plaisir pour moi de voyager ainsi de par le monde pour gagner quatre sous sans savoir où me réchauffer... »

Il est désarmé, Mahler, devant les états d'âme de son épouse auxquels, manifestement, il ne comprend rien. Puisqu'il l'aime, que peut-elle vouloir de plus ?

Cet été-là, à Maiernigg, pendant qu'il compose le premier mouvement de la *Sixième Symphonie*, il lui dit un matin, en descendant du Häuschen : « J'ai essayé de te représenter dans un thème. Je ne sais pas si j'ai réussi mais il faudra bien que tu t'en contentes ! »

Selon Henry de La Grange, elle paraît « sous la forme d'un thème ascendant en fa majeur, impétueux et volontaire, qui apporte à ce premier mouvement un bref moment de santé et d'optimisme ». Mais la vocation d'inspiratrice ne comble pas le gouffre de l'angoisse. Et elle n'a toujours pas osé recommencer à composer.

Elle fait des rêves éprouvants. Celui-ci par exemple : « Un gros serpent vert à longues pattes se précipite jusqu'au plus profond de moi-même. Je le tire par la queue. Il ne veut pas sortir. Je sonne la femme de chambre. A son tour, elle tire avec force. Il a dans sa gueule tous mes organes internes. Je suis maintenant vide et creuse comme la carcasse brisée d'un bateau. »

Elle ne va pas bien, Alma, non, elle ne va pas bien. Ah! si seulement elle allait raconter cela au docteur Freud! Mais c'est Mahler qui ira. Plus tard... Quand il suffoquera de douleur.

Pour l'heure, elle est enceinte. Mahler part sans elle à Amsterdam, puis en Rhénanie. Et elle se révolte.

« Il me faut commencer une autre vie, je ne peux plus supporter celle-ci. Mon insatisfaction augmente d'heure en heure. Je m'appauvris. Il faut que je me remette à lire, à apprendre autre chose.

« Je vais me remettre à travailler le piano. Il faut que j'aie de nouveau une vie intérieure intellectuelle comme autrefois! Quel malheur de n'avoir plus d'amis, mais Gustav ne veut voir personne.

« Ma vie est devenue si calme, si monotone... Il me faut des stimulants. Si seulement Pfitzner vivait à Vienne! Si seulement j'avais le droit de voir Zemlinsky! Schönberg aussi m'intéresse. J'ai bien réfléchi. Il faut que ça change! »

Ça va changer. Un peu. Zemlinsky et Schönberg ont décidé de créer un groupe musical modelé sur la Sécession. Noble ambition mais qui exige le soutien moral et financier de leurs aînés.

Ils viennent tous les deux voir Mahler qui finira par accepter la présidence d'honneur de leur association. Surtout : l'interdit qui pesait sur Zemlinsky est levé. Les deux jeunes compositeurs vont devenir des habitués de l'Auenbruggergasse. Voici enfin rompu le cercle de solitude.

Alma relance aussi Burckhard pour lui demander d'organiser quelques dîners avec des personnalités littéraires. Mahler a-t-il compris qu'il ne pouvait plus confiner sa femme dans l'isolement qu'il lui a jusque-là imposé? Il accepte. Quelquefois, les rencontres tournent mal. Avec Hermann Bahr, par exemple, l'un des intellectuels les plus remuants de la capitale. Mahler répand alors « une atmosphère de gêne insupportable, une sorte d'oppression ». Mais c'est chez Burckhard que les Mahler vont rencontrer le plus célèbre auteur dramatique allemand de l'époque, Gerhart Hauptmann *(Les Tisserands)*, et sa femme, avec lesquels ils vont se lier d'amitié.

Alma respire donc un peu lorsque, en juin, rentrant du théâtre où ils sont allés voir une pièce de Hauptmann, elle ressent les premières douleurs.

Elle appelle son mari afin qu'il prévienne la sage-femme, et il se met en devoir de l'aider à supporter ces douleurs. Par quel moyen ? En lui lisant à haute voix un texte de Kant.

La patience d'Alma à l'égard des incongruités de son grand homme est remarquable. Ce n'est pas ce qu'elle lui reproche, même s'il lui arrive d'avoir honte devant les conséquences de ses distractions ou de ses étrangetés. Mais il est clair qu'à ses yeux, ces comportements insolites sont inséparables de la grandeur même de Mahler dont elle respecte le travail.

Ce par quoi il lui est insupportable, c'est par les privations qu'il lui impose : pas d'œuvre personnelle à accomplir, pas d'homme à séduire, rien sur quoi éprouver son pouvoir, le vide.

Cette nuit-là, cependant, Kant lui porte sur les nerfs et elle supplie son mari de la laisser souffrir tranquille. Le lendemain à midi, elle met au monde une petite fille, baptisée Anna en hommage à Anna Moll. Le soir même, la jeune accouchée somnole et se réveille en sursaut : un énorme hanneton se balance à côté de son visage. C'est Mahler qui le tient par une patte.

« Je sais que tu adores les animaux, dit-il. Alors j'ai attrapé celui-là pour toi. »

Heureusement, il va partir travailler à Maiernigg, laissant à Vienne Alma qui doit garder le lit pendant trois semaines. On conçoit qu'elle en ait doublement besoin. En fait, quelques complications – des crevasses au sein parce qu'elle veut nourrir son bébé, d'autres encore – la retiendront davantage à Vienne.

Y a-t-il ou non relation de cause à effet ? Seul à Maiernigg, Mahler ne parvient pas à travailler.

« Je me traîne partout et toute la journée », écrit-il à Alma entre deux recommandations péremptoires sur la façon dont elle doit se soigner.

Il traverse, non sans angoisse, l'une de ses crises de stérilité.

Enfin, Alma arrive avec sa mère et les deux enfants. La petite Anna toute neuve est ravissante. Elle ouvre sur le monde des yeux si vastes, si bleus, qu'on la surnomme Gucki (*gucken* : regarder). Et Mahler se remet immédiatement au travail, avec fièvre. La crise est passée.

L'été sera paisible. Alma supporte mal que Mahler achève de nouveaux *Kindertotenlieder* alors que ses petites filles sont là, toutes chaudes et tendres. Mais la présence d'Anna Moll est apaisante, et ils ont des visiteurs. Bruno Walter, Erica Conrat, la fille d'un industriel viennois, qui laissera une relation idyllique des quelques jours passés à Maiernigg.

En son honneur, Mahler est moins sauvage puisqu'il accepte d'aller, en bateau, prendre le thé.

« L'arrivée là-bas, le goûter sont pour moi une véritable torture, écrit la jeune fille. Cette belle jeune femme, cet homme célèbre que tout le monde connaît! Au retour, je m'assois en face d'Alma. Le soleil couchant éclaire sa chevelure d'un éclat flamboyant. Elle a l'air d'un superbe carnassier. Quelle belle chose que ces deux êtres soient unis! » Alma écrit peu durant cette période, ce qui est toujours bon signe. Mais elle racontera plus tard ces journées de Maiernigg où, pour une raison quelconque, Mahler a choisi de travailler au dernier étage de la maison au lieu du Häuschen. Le silence absolu devait alors régner à tous les étages. Les enfants enfermés dans leur chambre, la cuisinière chapitrée pour qu'elle ne lève pas une semelle. « Je ne jouais plus de piano, je ne chantais plus, je ne bougeais plus... J'avais complètement renoncé à mon existence et à ma volonté propres, mais je n'appliquais ma résolution qu'avec la plus grande difficulté... »

Et, se remémorant ces journées d'été, elle ajoute : « Auprès de lui, j'étais demeurée une jeune fille malgré mes nombreuses et douloureuses grossesses et mes enfants. Mais il voyait surtout en moi la camarade, la mère de ses enfants, la ménagère, et ne devait apprendre que plus tard ce qu'il avait perdu! Ces géniaux carnivores qui croient dur comme fer être végétariens! »

L'a-t-elle aimé, le génial carnivore? En tout cas, comme elle l'a bien haï!

Cet été-là, en 1904, Mahler achève la *Sixième Symphonie* et emmène Alma au Häuschen pour la lui jouer. Et pour la première fois, elle est touchée par sa musique. Des larmes lui viennent aux yeux.

Mais en septembre, rentrée à Vienne, elle apprend que Klimt se marie, et elle éprouve un choc.

« Klimt marié! Ma jeunesse est achevée. Maman m'a annoncé cela hier. Je suis restée très calme. Je leur concède bien ce bonheur, c'est-à-dire que je suis un peu jalouse. Il était si proche de moi... Il a toute ma gratitude pour m'avoir éveillée. En ce qui la concerne (il s'agit de la couturière Emilie Flöge), elle est sans faute, sans tache. Sa beauté, son charme, tout cela est complet. En dehors de cela, elle n'est rien.

« Tandis que chez moi, rien n'est épanoui, ni mon visage, ni mon esprit, ni mon talent. Je ne suis ni heureuse, ni malheureuse. Tout à coup il m'est apparu que je vis un semblant de vie.

« Au fond de moi-même, j'étouffe tant je suis inhibée. Mon vaisseau est au port mais il fait eau. »

Elle a vingt-cinq ans.

Le couple Mahler traverse manifestement une période difficile. Lui s'impatiente des humeurs de sa femme.

« C'est parce que tes beaux rêves fleuris ne sont pas réalisés? » demande-t-il sarcastique. Elle oscille entre l'auto-accusation et l'accusation tout court. « ... Hier, nous avons parlé du passé et, par hasard, je lui ai dit que son odeur me déplaisait à l'époque où nous nous sommes connus. Il m'a répondu : " C'est là la clef de bien des choses. Tu as agi contre ta nature. " Je suis seule à savoir à quel point il a raison... »

Agréable conversation entre époux! Ils supportent mal les restrictions d'argent qu'Alma leur a imposées. Lui chante, en paraphant un héros de Weber : « Je place ma confiance en Dieu et en toi pour que tu viennes à bout de notre dette! » Mais en attendant, elle refuse les invitations faute de robes, et il est las de calculer à propos de chaque dépense.

Quand a-t-elle commencé à boire? Impossible à dater. Ses amis remarquent seulement que, lorsqu'elle est invitée à dîner, elle abuse du vin au point d'en être surexcitée.

Quelques années plus tard, ce penchant s'accusera. On ne la verra jamais ivre, tout au plus éméchée. Il semble qu'elle ait tôt demandé secours à l'alcool contre l'angoisse.

Au cours de l'hiver 1905, Mahler fait nettement un effort pour mettre un peu d'animation dans la vie de sa femme, bien que son travail à l'Opéra, ajouté à ses déplacements, soit accablant. Alors quelquefois il chantonne ce vers d'un opéra populaire : « Ah! quelle bénédiction d'être tailleur! »

Souvent, les Mahler déjeunent ou dînent en ville maintenant, les hôtesses se vantant : « Il ne va nulle part, vous savez! » Mais il s'ennuie et alors il « sème le trouble comme s'il y avait un cadavre sous la table », écrit Alma. C'est que sa présence est si intense qu'elle est bruyante même lorsqu'il se tait.

A moins que ce ne soit elle qui, sous l'empire du vin, se livre à des excès de langage.

Eux-mêmes reçoivent davantage, en particulier Hauptmann, bien que Mahler apprécie médiocrement sa femme Grete.

« Le pauvre Hauptmann me fait de la peine, dit-il, est bien trop bon pour elle. Si elle était ma femme, il faudrait bien qu'elle file doux! »

Cher Mahler. C'est lui qui filera doux, le jour venu.

En attendant, voici venir Pfitzner, ce jeune compositeur qui a attendri Alma lors du festival de Krefeld.

Sous les influences conjuguées de sa femme et de Bruno Walter, Mahler a fini par accepter de monter son opéra, *Die Rose*. Il arrive à Vienne, tout gonflé de son importance, pour le répéter. Le personnage est péremptoire, agité, prétentieux. Il tient la musique de Mahler pour « fondamentalement antipathique » et sa femme pour éminemment séduisante.

Pendant les répétitions de *Die Rose*, il devient entreprenant. Un soir où il se trouve seul avec elle, excité comme une puce il lui caresse les épaules, embrasse ses mains, effleure sa poitrine. Elle le repousse sans excès de brutalité et note : « Il était très amoureux... Ça m'a fait plaisir. J'ai ressenti ce picotement épidermique que je n'avais pas éprouvé depuis si longtemps... »

Hé quoi! Alma est une femme!

Mahler, jaloux, est « morose et fermé ». « Il m'a dit que je prenais toujours le parti des autres gens. Et il a raison. Au fond de nous-mêmes nous sommes maintenant étrangers l'un à l'autre. Il est venu se coucher auprès de moi. Nous ne savions pas bien pourquoi ni l'un ni l'autre. Il m'a dit : " Lis donc *La Sonate à Kreutzer*! " » Il s'agit, on s'en souvient, d'un mari trompé qui poignarde sa femme.

La jalousie conduit Mahler à une conduite singulière : il invite sans cesse Pfitzner chez lui puis s'en va, le laissant seul avec Alma. Veut-il lui « offrir » un amant? Appelle-t-il le drame?

Une scène comique se produit le 1er mai. Pendant que Mahler travaille, à l'Opéra, sur *Die Rose*, Pfitzner quitte la répétition sous prétexte d'un rendez-vous urgent. Passe chez un fleuriste, achète une rose rouge et l'apporte à Alma.

Mais en chemin, il se heurte, sur le Ring, au défilé des travailleurs, et c'est tout agité par cette vision d'horreur, le prolétariat en marche, qu'il se présente à l'Auenbruggergasse pour s'enfermer dans la chambre d'Alma, persuadé que les cohortes rouges le poursuivent.

Arrive Mahler. Qui comprend aussitôt en quoi consistait le rendez-vous urgent de Pfitzner. Mais il est de si bonne humeur que, soudain, il s'en moque. C'est que lui aussi a croisé le défilé des travailleurs. Il s'y est mêlé un moment, et ceux-ci l'ont regardé de façon fraternelle! Ce sont vraiment ses frères! « Ces hommes, dit-il, sont l'avenir! »

« Et voici, conclut Alma, les deux hommes se bagarrant pendant des heures sans le moindre esprit de conciliation d'un côté ni de l'autre, et moi entre les deux. »

Nul doute que, ce jour-là, Alma vibrait plutôt à l'unisson de Pfitzner. Elle n'a pas précisément la fibre sociale, la belle Alma, alors que le cœur de Mahler a toujours battu à gauche.

En mai, les Mahler vont ensemble au Festival de Strasbourg, ville allemande, où ils retrouvent Richard Strauss. Mahler doit diriger sa *Cinquième Symphonie* et Strauss sa *Symphonia Domestica*. Strauss se livre à quelques éclats, éructe après avoir entendu une cantatrice qui chante du Brahms :

« Cette vache est tout juste bonne à chanter dans un cabaret! Bisser la fin! Me fatiguer mes bois qui n'en peuvent déjà plus! Mais ce n'est pas étonnant avec un bonze comme Brahms! Si je terminais ma symphonie avec un accord parfait d'ut majeur, moi aussi j'aurais le même succès! »

Le mari de la cantatrice se fâche, exige réparation. L'affaire se termine par la signature d'un protocole que les Mahler devront parapher.

Ils passent quelques moments sensiblement plus agréables avec un groupe de Français mélomanes venus tout exprès de Paris. Les Clemenceau, le mathématicien Paul Painlevé, futur président du Conseil, et deux militaires, les généraux Picquart et de Lallemand.

Picquart est ce personnage remarquable en tous points qui a découvert les documents prouvant l'innocence du capitaine Dreyfus et qui a refusé de les escamoter. Arrêté, incarcéré, jugé, condamné, rayé des cadres de l'Armée, il a été réintégré après que l'innocence de Dreyfus a été établie.

Ce militaire peu banal est fou de musique et joue les symphonies de Mahler à quatre mains avec son ami le général de Lallemand.

En prison, il s'est promis que s'il en sortait vivant, il ferait pèlerinage dans tous les lieux habités par Beethoven, l'homme qu'il admire le plus au monde, et irait entendre *Tristan et Isolde* dirigé par Mahler.

Le second de ces vœux souffrira de difficultés imprévues. Le soir de 1906 où Picquart sera à Vienne, avec les Zuckerkandl, tout heureux à la perspective de sa soirée, un télégramme arrivera pour Berta signé Georges Clemenceau : « Je te prie d'informer Picquart que je viens de le nommer ministre de la Guerre. Qu'il rentre immédiatement. » Furieux, Picquart réussira tout de même à entendre le premier acte de *Tristan* avant de prendre le train à la gare de l'Ouest.

Il est charmant, il sait l'allemand à la perfection, le petit groupe fait des excursions à la poursuite des traces de Goethe, parle de littérature, de musique... Un moment de grâce, semble-t-il, dans la vie sombre des Mahler.

Et Richard Strauss leur réserve une surprise. Il les entraîne chez le marchand de musique strasbourgeois Wolff, et là, dans le magasin encombré de pianos, tandis qu'à travers les vitres des curieux les observent, il leur chante et joue *Salomé*. C'est son troisième opéra et il rêve de le voir créer à Vienne. Les Mahler sont éblouis. Comme il est étrange que cette musique sorte de Strauss...

Le soir enfin, Mahler dirige la *Neuvième Symphonie* de Beethoven dont il a retouché l'orchestration. « L'exécution la plus belle que j'ai jamais entendue de ma vie ! » écrit Alma toujours prête à s'enthousiasmer quand son mari ne dirige pas sa propre musique. Le public entre en délire devant cette interprétation que certains jugeront scandaleuse. Des masses d'auditeurs se précipitent derrière la scène pour féliciter Mahler; il s'enfuit, Picquart et Clemenceau le rattrapent, le fourrent dans un fiacre, et la soirée se termine gaiement dans un petit bistrot de la ville.

Succès, distractions, conversations enrichissantes, ce Festival de Strasbourg apparaît comme un rayon de soleil dans le brouillard qui obscurcit le cœur et l'esprit d'Alma.

Car le mois suivant, elle se retrouve à Maiernigg. Pendant qu'elle est seule, avec les enfants, avant qu'il ne la rejoigne, elle est calme. « J'ai travaillé toute la journée. Copie pour Gustav. La séparation rend clairvoyant. Je vis vraiment, je vis seulement en lui. Je copie pour lui, je joue du piano pour l'impressionner. J'apprends, je lis, tout cela pour la même raison.

« Et pourtant lorsqu'il est ici, j'empoisonne la plupart de mes joies avec mes crises d'hypersensibilité. Cela mérite vraiment une punition!

« Toujours la vieille vanité qui se dresse à nouveau, le nouveau besoin de domination, l'ambition démesurée, la soif de gloire... Au lieu de faire ce que j'avais décidé, au lieu de rendre la vie douce et belle à lui seul... »

On voit qu'elle ne s'aveugle pas sur elle-même, Alma. Elle s'aveugle seulement sur la capacité humaine de devenir quelqu'un d'autre sans dégâts. Et, honnêtement, elle s'y efforce.

Sans doute le lui écrit-elle, car il répond : « Je vois que maintenant tu es sur le bon chemin... »

Mais qu'il arrive, et les choses se gâtent. Elle a cette phrase terrible : « Avec Gustav, souvent, je ne sais pas parler. Chacune de ses paroles m'est déjà trop connue avant qu'il ne la profère. »

Heureusement, ils auront cet été-là beaucoup de visiteurs.

L'automne suivant est animé, pour Mahler, par la préparation d'un cycle Mozart et celle d'une soirée de gala, un « théâtre paré » offert par l'Empereur au roi d'Espagne Alphonse XIII. On lui jouera le premier acte de *Lohengrin*, quelques scènes de *Lakmé* et le premier acte d'un ballet, *Excelsior*. Ce soir-là, de la loge directoriale, Alma observe avec stupeur le comportement des gens de la Cour. Un monde qu'elle ne connaît pas.

D'abord, alors que tout le monde a pris place, Mahler doit attendre au pupitre le regard du prince Montenuevo qui attend lui-même le signal du Grand Maître de Cérémonie, Wilhelm Nepallek, lequel est l'oncle d'Alma. C'est lui qui annonce, d'un signe de sa canne blanche, l'arrivée de l'Empereur et du roi.

« J'ai eu l'impression d'avoir un laquais pour mari », dira Alma à Mahler après la représentation.

Ensuite, pendant tout le spectacle, l'Empereur converse à mi-voix avec ses invités qui eux-mêmes... Public de gala, public de courtisans, indifférence sinon mépris de ce public pour les artistes qui sont en scène, ou à l'orchestre... Alma s'en va. Elle quitte la loge, outrée.

Mahler fait cependant le minimum de concessions à la Cour. Alma raconte par exemple comme il accueillit le prince Montenuevo lorsque celui-ci lui a recommandé le réengagement du soprano Ellen Forster Brandt, dont la voix est abîmée, mais qui a eu une brève liaison avec l'Empereur.

« Soit, dit Mahler, mais je ne mettrai pas son nom à l'affiche. »

Le prince insiste, explique qu'il s'agit d'une promesse du souverain à la cantatrice qu'il payera, d'ailleurs, sur sa cassette personnelle.

« Très bien, dit Mahler. Je la ferai chanter mais j'indiquerai chaque fois sur l'affiche : " Par ordre supérieur de Sa Majesté. " »

Il l'a emporté.

D'innombrables anecdotes de ce genre circulent à Vienne.

« Chaque fois que je me fais annoncer chez lui, dit Mahler à propos du prince Montenuevo, il sait à quoi s'en tenir puisqu'à la moindre difficulté je lui offre ma démission. »

Mais à l'automne 1906, il est las, haï par la plupart des musiciens de l'orchestre qui lui reprochent sa brutalité, en butte aux éternelles attaques, plus vives que jamais. On lui reproche de ne pas créer davantage d'ouvrages nouveaux, on lui rappelle qu'il a été engagé pour administrer l'Opéra et non « pour défendre ses propres œuvres ici et en pays étranger », on met en avant « son ton de caporal ». Un critique musical de poids écrit : « Celui qui a toutes les capacités nécessaires pour diriger l'Opéra à cause de son génie indiscutable est aujourd'hui la victime de sa suffisance et de sa propre nervosité. La direction de notre Opéra appartient de droit à un homme spirituellement normal et non pas à un artiste présomptueux et de disposition maladive. »

Phénomène banal, M. le Directeur n'est plus à la mode, comme il le dit lui-même. Du moins il l'éprouve ainsi. Il résumera en ces termes la situation à un journaliste après avoir quitté son poste : « Il y avait ici la Cour, là la Presse, ici le Public, là ma famille et finalement aussi l'ennemi dans ma propre poitrine. Cela a souvent été terrible. »

Au cours d'un concert donné à Linz, en Allemagne, sa *Première Symphonie* est si mal accueillie, si stupidement traitée qu'il annule un autre concert et écrit à Alma : « Pourquoi donc faudrait-il toujours se laisser pisser dessus ? Suis-je donc un réverbère ? »

La presse de Berlin ne bruit que de sa prochaine démission. Engagé par l'Empereur, il ne peut perdre son poste, en effet, qu'en démissionnant. Ces rumeurs l'inquiètent.

« Il y a donc de nouveau des gens qui voudraient que je sois longtemps absent... Comme il est heureux que nous puissions compter au moins sur nos économies de cinquante mille florins et sur la pension annuelle de cinq mille. »

Cette remarque confirme que le plan d'Alma a été réalisé. Les Mahler n'ont plus de dettes.

Retour à Vienne, il trouve une presse déchaînée qui annonce son départ. Mais le prince Montenuevo affirme à ses visiteurs que rien de tel n'a même été envisagé.

Sa position est de nouveau très forte après avoir monté *La Walkyrie*, avec la collaboration du décorateur Alfred Roller, un « sécessionniste » qu'il a déjà fait travailler.

De cette *Walkyrie*, le jeune chef Otto Klemperer dira : « Il est difficile de parler de cette représentation sinon pour dire qu'elle atteignait la perfection absolue, qu'on ne pouvait pas trouver de mots pour la qualifier. »

Mais Mahler est à bout.

Pendant cette période tumultueuse, Alma a été à la hauteur de son rôle de « compagnon », de complice affectueux dans une passe dure. Scandalisé par le traitement que la presse inflige à Mahler, Schönberg écrit à Karl Kraus, en mai, pour lui demander de le défendre. Kraus n'en fera rien.

En mai 1907, Mahler démissionne. Et Alma se jette sur le téléphone pour apprendre la nouvelle à Berta Zuckerkandl qui la trouve sinon heureuse, du moins soulagée. Maintenant, elle va jouer de toute son influence pour que, parmi les propositions qui affluent dès la décision de Mahler connue, il accepte de traiter avec le Metropolitan de New York.

Tout cela ne se passe pas sans turbulences. Vienne prend fait et cause pour ou contre le départ de Mahler. Un groupe d'intellectuels et d'artistes rédigent une « adresse » à Mahler qui réunit soixante-dix signatures dont celle de Klimt, Schnitzler, Hofmannsthal, Stefan Zweig, Max Burckhard, etc. Le prince Montenuevo essaye de récupérer son directeur parce qu'il ne lui trouve pas de remplaçant à la hauteur. Le principal quotidien viennois, la *Neue Freie Presse*, mène campagne en ce sens mais les choses en sont arrivées au point de non-retour. Vienne, c'est fini.

« Je pars parce que je ne peux plus supporter toutes ces canailles », dira Mahler dans une lettre à un vieil ami, le physicien Berliner. Accessoirement, il recevra à New York, où il s'est engagé à passer trois mois par an pendant quatre ans, des émoluments sans commune mesure avec ce qu'il gagnait à la Hofoper. Il est convenu qu'il se rendra aux États-Unis en novembre. D'ici là, après ce printemps agité, les Mahler partent l'un après l'autre pour Maiernigg.

Et là, fin juin, le drame se produit. L'aînée des petites filles, Putzi, qui a quatre ans et demi, tombe malade. Diphtérie. Le vaccin contre la diphtérie n'existe pas encore. Le mal est mortel. Putzi va se débattre pendant quatorze jours atroces. Un soir, l'enfant étouffe. Le médecin décide de pratiquer une trachéotomie pour la soulager. Il l'opère, là, sur place. Putzi vivra encore vingt-quatre heures avant de succomber.

Alors, Alma saisit le corps de l'enfant morte et la transporte sur son propre lit devant lequel elle s'écroule, prostrée. Mahler, secoué de sanglots, court en tous sens. Ils se jettent sur le téléphone pour appeler Anna Moll qui se hâte et les trouve anéantis, comme foudroyés. Le soir, ils dormiront tous les trois dans la même chambre, pour ne pas se séparer.

Pour Mahler, la mort de cette enfant est pure tragédie. C'est celle des deux qui lui ressemble, avec ses boucles noires et son caractère volontaire. « Ils avaient de longues conversations. Personne ne savait de quoi ils parlaient. Je ne les dérangeais jamais, écrit Alma. Nous avions une (gouvernante) anglaise très pénible, qui amenait toujours l'enfant toute propre à la porte (du Häuschen). Un long moment après, Mahler revenait en la tenant par la main. La plupart du temps, elle était alors barbouillée de confiture des pieds à la tête et il me fallait calmer l'Anglaise. Mais tous les deux revenaient tellement, tellement liés et tellement heureux de leur conversation que je m'en réjouissais moi aussi sans rien dire. Elle était tout à fait sa fille, belle comme le jour, entêtée et en même temps inapprochable, au point que cela promettait de devenir inquiétant. Ses boucles noires et ses grands yeux bleus... Il ne lui a pas été accordé de vivre longtemps mais il devait en être ainsi, elle devait être pendant quelques années sa joie et cela a en soi une valeur d'éternité. »

Deux jours après la mort de Putzi, quand on emporte le petit cercueil, Anna Moll a un malaise, Alma s'évanouit. Le médecin l'examine, lui ordonne le repos et le lit. « Pendant que vous y êtes, docteur, dit Mahler, vous ne voulez pas m'examiner, moi aussi ? Ma femme est toujours inquiète pour mon cœur... »

Le docteur Blumenthal s'exécute, s'agenouille à côté du sofa sur lequel Mahler s'est étendu, se relève, le visage soucieux, et dit : « Eh bien, vous n'avez pas à être fier d'un cœur pareil ! »

Son diagnostic s'arrête là. Les Mahler et Anna Moll se consultent. Et s'il se trompe ? Et s'il exagère ? Il faut d'urgence prendre un autre avis, celui du professeur Kovacs qui a soigné Alma. Ensuite, quel que soit le verdict, ils abandonneront Maiernigg dont ils ne peuvent plus supporter la vue, après ces jours cruels.

Rendez-vous est pris. Mahler rentre seul à Vienne. Voit le professeur Kovacs. Télégraphie à sa femme. Le médecin a conclu à un « rétrécissement mitral bilatéral mais compensé ». Moyennant quoi, il a ordonné à Mahler d'abandonner sur-le-champ toute activité physique.

Le choc est rude pour ce grand marcheur, ce grand nageur, ce cycliste enragé qui va commencer à avoir peur de chacun de ses propres gestes, de ses propres pas.

En fait, on croit aujourd'hui que Mahler était atteint d'un rhumatisme articulaire aigu consécutif à une angine à streptocoques contractée dans l'enfance. Mais la médecine est encore balbutiante.

La mort de Putzi, le spectre de sa propre mort, l'interdiction d'user de ses forces, c'est un homme assommé qui va passer quelques jours dans le Tyrol avec sa femme, Gucki et la gouvernante.

Entre parenthèses, la petite Gucki, qui est aujourd'hui une dame de plus de quatre-vingts ans, sera marquée pour toujours par la mort de sa sœur dont elle se croira coupable. Banal mais difficile à vivre néanmoins.

Mahler interdit à Alma de porter le deuil parce qu'il refuse qu'elle « fasse quelque chose pour la galerie ». Il ne parle de Putzi à personne.

Bruno Walter qui les a vus écrit à ses parents : « ... Il est complètement à bout. Elle m'a l'air de mieux supporter cela, dans les larmes et la philosophie. »

Ce drame les a-t-il rapprochés? Non. Sourdement, silencieusement, Mahler en fait grief à sa femme. Mais il a provisoirement soustrait Alma aux raisons plus complexes qu'elle a de pleurer.

Maiernigg a été vendu, Mahler a rempli encore quelques engagements, accompli quelques voyages quand le moment vient enfin de quitter Vienne pour New York. Sa dernière visite sera pour les Zuckerkandl, les seuls amis qu'il voudrait pouvoir emmener.

« J'emporte avec moi, leur dit-il, ma patrie, mon Alma et mon enfant. Maintenant seulement le lourd fardeau du travail est ôté de mes épaules, je sais quelle sera désormais ma tâche. Alma m'a sacrifié dix ans de sa jeunesse. Personne ne sait ni ne peut savoir avec quel dévouement absolu elle a sacrifié sa vie propre à moi et à mon œuvre. Je prends ma route avec elle d'un cœur léger. »

A la surprise des Mahler, le jour de leur départ ils trouvent des personnes sur le quai de la gare de l'Ouest parmi lesquelles Schönberg, Webern, qui a tout organisé, Alban Berg, Klimt...

A Paris, ce sont leurs amis français, les Clemenceau, et un jeune pianiste russe, Ossip Gabrilovitch, rencontré à Saint-Pétersbourg, qui les accueillent. Ce jeune homme ressemble, selon Émil Zuckerkandl, « à un juif de Kiev après un pogrom ». Tout son visage est de travers. Mais il est aussi un admirateur éperdu de Mahler, et il tombe aussitôt sous le charme fatal d'Alma.

Quelques jours passent et un soir, dans le salon de la suite parisienne qu'occupent les Mahler à l'hôtel Bellevue, il n'y résiste pas et déclare sa flamme de façon originale.

« Je dois vous faire une terrible confession, dit-il. Je suis en train de tomber follement amoureux de vous. Aidez-moi à échapper à moi-même! J'aime Mahler et je ne veux en aucun cas lui faire de la peine. »

La réaction d'Alma?

« Ainsi étais-je tout de même digne d'être aimée, ainsi n'étais-je ni vieille ni laide comme je croyais l'être. Dans l'obscurité, il a tâtonné pour trouver ma main. Mais la lumière a jailli. Mahler était là, dans la chambre, plein de beauté et d'amour, et le fantôme s'est évanoui.

« Quoi qu'il en soit, pendant toute une époque cette scène m'a aidée à surmonter bien des sentiments d'infériorité. »

Un homme qui vous désire, quoi de plus tonique? Elle en a besoin, après cinq ans de mariage.

Ossip se manifestera de nouveau, un peu plus tard. Mais ce n'est pas de lui que viendront le calvaire de Mahler, la résurrection d'Alma et l'étonnant retournement de leurs postures psychologiques.

Pour l'heure, Alma admire encore son difficile mari même s'il l'irrite. Il se repose sur elle de toutes les questions matérielles et au-delà. En somme, en cette jeune femme de vingt-cinq ans, il a trouvé une mère.

Le temps a manqué, ces dernières semaines, à Alma pour ses séances d'introspection, d'autodépréciation et d'interrogation sur le sens de sa vie qui alimentent son journal. Quand elle embarque, à Cherbourg, elle est heureuse de laisser Vienne derrière elle, excitée à l'idée de connaître New York, elle emmène son génie à travers l'Océan avec optimisme. Il souffre du mal de mer, elle pas.

6

En 1907 ou aujourd'hui, l'arrivée à New York en bateau – en l'occurrence le SS *Augusta Victoria* – est exaltante. Mais très rapidement, Mahler, qui a choisi de commencer par monter *Tristan*, va être absorbé par son travail au Metropolitan et ses répétitions.

Et de nouveau, Alma est seule. Rigoureusement seule. Si plaisant qu'il soit d'arpenter Manhattan, on s'en lasse. De surcroît, elle ne sait pas un mot d'anglais et, de ce côté-là, elle n'est pas douée. Et elle a laissé la petite Gucki aux bons soins de sa grand-mère. Que faire, tout le jour?

Ils habitent un bon hôtel, le Majestic, mais y vivent reclus. Mahler, qui redoute maintenant le moindre effort physique, reste au lit le matin le plus tard possible. Ils prennent tous leurs repas dans leur chambre. Les communications téléphoniques sont interrompues en permanence entre la réception et l'appartement des Mahler parce qu'il ne supporte pas d'être dérangé.

Il a beaucoup changé. Cependant, il est plus « vivable », même s'il continue à pianoter sur les tables, à taper du pied comme un sanglier et à susciter des incidents par la brutalité de ses propos.

Comme il arrive souvent, la mort de son enfant chérie lui a appris à relativiser l'importance des choses, même quand il s'agit de représenter *Tristan*.

Alma, en revanche, asphyxiée par cette vie de couventine, tombe malade. En fait, elle est solide comme un roc et mourra à quatre-vingt-cinq ans d'une pneumonie. Mais, jeune femme, elle aura toujours de ces maux mystérieux qu'elle baptise nerveux, ou cardiaques, maux que les médecins sont impuissants à soigner et par lesquels le corps exprime, comme on sait, la rébellion de l'esprit.

Cette fois, cependant, sa « maladie » est bien concrète : elle fait une fausse couche. Son état moral n'en est pas amélioré. Quelques invitations, auxquelles Mahler consent pour distraire sa femme, leur permettent de rencontrer des Américains, en particulier le financier Otto Kahn, l'un des mécènes du Met, chez qui ils font la connaissance d'un personnage pittoresque, le docteur Fraenkel, président de la société de Neurologie. Fraenkel deviendra un bon ami et cherchera même, plus tard, à épouser Alma. Un de plus.

Les soirées au Met, une représentation que donne Mahler à Philadelphie, des Viennois de New York qu'elle rencontre... Les choses vont un peu mieux. Surtout, il est clair que depuis la mort de Putzi, Alma a une raison objective de pleurer qui recouvre, même à ses propres yeux, ses vieilles angoisses et ennoblit en quelque sorte ses larmes lorsqu'elle y succombe.

Les Mahler écrivent tous les deux, ils écrivent beaucoup à leurs amis de Vienne, sans nostalgie, au contraire.

« Ce qui est tout à fait nouveau pour moi, après l'aridité viennoise, écrit Mahler à sa belle-mère, c'est de trouver partout de la bienveillance et de la reconnaissance pour le peu que je suis encore capable d'accomplir.

« Je vis comme une prima donna, je pense sans cesse à ma chère personne et j'espère ainsi que cette Amérique tant redoutée ne me fera pas de mal. »

Quand les Mahler reviennent en Europe par Hambourg, en avril 1908, à l'issue de cette première saison, ils envisagent sans déplaisir le moment où il faudra y revenir. Ils ont aimé l'Amérique.

En cet été 1908, Mahler va composer ce qui est peut-être son chef-d'œuvre, *Le Chant de la terre*. Il s'agit en fait d'une symphonie, la neuvième, mais il ne la nommera pas ainsi par superstition : Beethoven,

Schubert, Bruckner sont morts après avoir composé leur neuvième symphonie.

Alma et sa mère ont trouvé, après beaucoup d'investigations, une maison pour passer ensemble les quelques mois où les Mahler resteront en Europe. Elle est située dans le Tyrol autrichien, à Toblach (aujourd'hui Dobbiaco). Il s'agit d'une grande bâtisse dont le propriétaire loue le premier étage, dix pièces où la famille s'installe avec deux servantes, une gouvernante et trois pianos. Un Häuschen a été construit où Mahler travaille. L'endroit est beau, la vue splendide.

Sur leur installation, Alma a laissé ces notes : « La scène de la répartition des chambres a été savoureuse. Nous l'avons mené avec fierté d'une pièce à l'autre et, après beaucoup d'allées et venues, il a choisi pour lui les deux plus grandes et les plus belles. Aussitôt, on a cherché dans toute la maison le plus grand lit et on l'a installé, cela bien qu'il fût plus petit que moi. Son égoïsme était absolument naïf et il aurait été littéralement terrifié s'il s'en était rendu compte. Ma mère et moi nous le suivions, et nous étions heureuses de voir sa joie innocente.

« Nous avons fait venir deux pianos à queue et un droit qui a été installé dans la petite maison du jardin, son studio. Enfin nous avons pu vivre tranquillement et notre calme n'a été interrompu que par des invités. »

Ceux-ci se succéderont dans un va-et-vient incessant, et parmi eux, voici venir Ossip Gabrilovitch, le jeune pianiste russe accompagné de son frère. Il est toujours amoureux, bien sûr. « Mes sentiments qui tournaient à vide se sont quelque peu liés à ceux de ce jeune homme, écrit Alma. Il était devenu évident que nous étions un peu épris l'un de l'autre. Nous ne voulions pas l'admettre et nous avons combattu avec force. »

Un soir cependant, ils échangent un baiser au clair de lune. « Après ce seul baiser, Gabrilovitch est parti... »

Mais on le reverra. A New York.

Burckhard n'est pas très loin, sur le Wolfgangsee, à Sankt Gilgen, mais hors d'état de venir. Dans un geste, rare chez elle, de compassion, Alma se rend chez lui.

Quand elle arrive dans la petite maison entourée d'eau où il s'isole parce qu'il ne veut être vu de personne, il lui dit : « Comme je dois être en mauvais état pour que Mahler vous ait permis de venir me voir... »

L'homme qui lui a formé – et déformé – l'esprit, dont Mahler hait l'influence, qui déclare : « Quand quelqu'un a besoin d'aide, il ne faut pas lui donner. C'est qu'il n'en est pas digne », le nietzschéen Burckhard luttera encore pendant de longs mois, seul, contre la mort.

Malgré le va-et-vient à Toblach, Alma décrit cet été 1908 comme « le plus pénible et le plus triste que nous ayons jamais passé ensemble... Plein de douleur de l'enfant mort, plein de soucis sur la santé de Mahler... »

Avant de repartir pour les États-Unis, Mahler doit donner plusieurs concerts. L'un à Prague, où la *Septième Symphonie* doit être créée. Là, Alma l'accompagne.

Elle est toujours aussi peu réceptive à la musique de son mari et, sans doute, cela se voit. Un journaliste suisse, William Ritter, qui l'observe pendant la répétition générale, en conclura que la belle Mme Mahler, « idole » de son époux, n'est à la hauteur ni du génie « qui râle d'amour devant elle », ni de l'œuvre qu'elle vient d'entendre et qui lui est pourtant « toute consacrée ».

Plus tard, Mahler va à Munich. Puis à Hambourg. Du train, il lui écrit : « J'étais tout triste de te quitter ainsi souffrante et de te quitter tout court. Cette fois c'était seulement à cause de tes " trois jours ", sinon je ne l'aurais fait à aucun prix. »

Il semble que ces « trois jours » mensuels jouent dans la vie d'Alma un rôle qu'aujourd'hui on trouverait excessif et que là aussi l'esprit ne soit pas étranger à ce que dit le corps.

Enfin, c'est le départ pour New York, de Cuxhaven cette fois, avec Gucki qui a maintenant quatre ans et sa gouvernante Miss Turner. Sur la vedette qui les mène au paquebot, Gucki s'agite, émerveillée. « *Don't get excited!* dit la gouvernante, *don't get excited!* » Alors Mahler prend la petite fille dans ses bras, l'assied sur le bord de la vedette et lui dit : « Maintenant, sois excitée! Il faut être excitée! » New York est de l'autre côté de l'eau.

Cette deuxième saison américaine sera, dans l'ensemble, agréable.

Les Mahler descendent cette fois au Savoy sur la Cinquième Avenue, hôtel fréquenté par plusieurs artistes du Metropolitan, notamment Caruso dont Alma écrit que « même humainement, c'était un génie ». Ils disposent d'un bon appartement au onzième étage. Et surtout, ils en sortent!

Mahler, moins tyrannique, moins despotique qu'à Vienne, aborde plus sereinement les problèmes professionnels. Le Met a maintenant deux chefs étoiles, Mahler et Toscanini. Le bouillant Italien veut diriger tout le répertoire. Il a déjà « volé » *Tristan* à Mahler. Les deux hommes ne se supporteront jamais l'un l'autre. Comme il est normal. Mais Mahler est relativement calme, moins préoccupé par sa santé. Et le couple est lancé en pleine vie mondaine.

Dans le récit qu'elle fait de cette saison 1908-1909, Alma s'émerveille devant l'hospitalité américaine, y compris celle des vieilles familles du *Mayflower* où les Mahler sont reçus.

« Lorsqu'il en avait envie, Mahler m'accompagnait et il tirait de ces occasions un plaisir plus vif qu'on aurait pu l'imaginer. Jamais il ne manquait un dîner. D'ailleurs, tout se passe là-bas autrement que chez nous (...). A dix heures, on est de retour à la maison sans être fatigué, ayant découvert de nouveaux visages, de nouvelles personnalités qui à leur tour ne manquent pas de nous inviter. De sorte que la chaîne de nos devoirs mondains s'étendait à l'infini. »

Nul doute, elle respire un peu, Alma, et maintenant, elle ne manque pas de robes. Mais sur le fond...

Voilà que resurgit le pianiste laid, Ossip Gabrilovitch. Que s'est-il passé entre eux? Rien de bien grave, apparemment. Il est bourré de scrupules, ce jeune homme, et on a agité de grands sentiments.

Un soir, il est venu les voir, à l'hôtel. Ils ont dîné

ensemble. Puis Mahler s'est retiré dans sa chambre, Alma et le jeune pianiste sont restés seuls, au salon. Il a joué pour elle le petit *Intermezzo en la majeur* de Brahms qu'elle aime tant. Une fois encore, ils ont longuement échangé quelques-unes de ces paroles brûlantes par lesquelles ils se disent combien ils se plaisent l'un à l'autre, mais non, c'est impossible, ils n'ont pas le droit. Et, à dominer leur désir mutuel, ils se sont trouvés sublimes. Une dernière fois, il a joué le petit *Intermezzo*, comme un ultime adieu, et puis il est parti.

Et Mahler a surgi, torturé, torturant. Il n'a cessé de les écouter, il veut savoir. Qu'y a-t-il eu entre Alma et Ossip? Une longue discussion s'ensuit où Alma réussit à convaincre son mari qu'elle est sans reproche. Il se calme enfin, réintègre sa chambre. Alors, Alma ouvre la fenêtre, elle habite le onzième étage, et tandis que monte la rumeur de la ville, elle joue avec l'idée du suicide... Sauter, s'écraser, en terminer avec cette vie... Elle reste là, debout, toute la nuit.

« Comme toujours le matin est venu, et lorsque la brume laiteuse du début de l'automne new-yorkais a commencé à se dissiper, je me suis retrouvée moi-même. »

L'année suivante, Ossip Gabrilovitch épousera la fille de Mark Twain, la cantatrice Clara Clemens.

Anna vient les rejoindre, comme Mahler l'en pressait depuis longtemps. Elle arrive à temps. Tout indique qu'au milieu de ces festivités, une fois encore Alma a fait une fausse couche. Anna écrit en effet à son mari :

« Alma va très bien et je pense qu'elle t'a envoyé de ses nouvelles. Elle est libérée de son fardeau. Cette fois ça lui fait, même à elle, de la peine. »

Ne croyez pas qu'elle en a fini avec les enfants, cependant, loin de là. Mais la suite sera dans une autre vie.

Mahler, lui, a eu une mauvaise grippe. Mais ils quittent New York sous les fleurs et la presse avec un nouveau contrat : un groupe de dames milliardaires et mélomanes ont décidé de créer un orchestre permanent à New York et de le confier à Mahler. Ce sera le désormais très célèbre New York Philharmonic Orchestra. En route, les Mahler s'arrêtent à Paris où les Moll ont organisé un petit complot. Ils ont eu l'idée de commander un buste de Mahler à Rodin.

Les deux hommes ne savent rien l'un de l'autre, mais on a raconté à Mahler que Rodin avait exprimé le vœu de sculpter sa tête, et les Clemenceau sont intervenus auprès de Rodin pour qu'il modère ses prix.

Tout se passe fort bien, mais au bout de neuf à dix séances, Mahler s'impatiente et s'en va, en promettant qu'il reviendra. Et ils rentrent à Vienne.

Les choses seraient trop simples en vérité, dérisoires même, si Alma Mahler n'était qu'une jeune femme généralement privée de distractions qu'une saison brillante à New York et quelques divertissements parisiens suffisent à réconforter.

Ce qui la distrait d'elle-même est bénéfique mais totalement inadéquat pour résoudre la contradiction essentielle qu'elle continue de vivre entre son aspiration à une existence propre et son inféodation à Mahler. Pour ne rien dire de sa misère sexuelle.

A un ami, le musicologue Guido Adler, auprès de qui elle s'excuse d'être restée silencieuse, elle écrit en rentrant à Vienne : « Pendant toute l'année qui vient de s'écouler, j'ai connu de terribles difficultés, j'ai vécu une telle chaîne de douleurs. »

Même en tenant compte de sa propension à l'enflure dès qu'elle tient la plume, ce n'est pas là le style d'une femme sereine. Souffre-t-elle de quelques maux dits féminins si propres à altérer l'humeur ? Toujours est-il qu'on l'envoie faire une cure à Levico près de Trente. Elle s'y rend avec Gucki et Miss Turner, après avoir installé Mahler à Toblach où il s'inquiète de ne recevoir que de petites lettres tristes qui n'indiquent évidemment aucun progrès dans l'état d'Alma.

Constatant que la cure de Levico n'est pas « très efficace pour apaiser la tension de tes nerfs », il a cette phrase pathétique : « Malgré toutes mes prières et mes supplications je ne sais toujours pas en quoi elle consiste! » On imagine combien de fois il a dit : « Mais enfin qu'est-ce que tu as? » Sur tous les tons et les variations de la gamme conjugale.

Pendant cette cure, où elle se morfond, il lui écrit des lettres philosophico-moralisatrices bonnes à la déprimer totalement. S'est-elle plainte de ne plus pouvoir composer? Sans doute puisqu'il répond : « Je ne te dis pas, naturellement, que la création soit superflue. Elle est nécessaire aux hommes pour leur développement et pour cette joie qui est aussi un signe de santé et de force créatrice. Mais pourquoi faut-il que ce soit précisément de la musique? »

En d'autres termes, si elle voulait faire de la peinture, il ne dirait pas non! Toute cette lettre tend à expliquer à la jeune femme que les œuvres des hommes sont mortelles. Ce qui dure, c'est « ce que l'être fait de lui-même, ce qu'il devient par sa lutte et par son activité sans repos. »

Comme l'écrira plus tard Alma : « Nous correspondions, mais sur des sujets abstraits. »

Pendant qu'il est seul à Toblach, il trouve le moyen d'avoir des problèmes domestiques avec la cuisinière et surtout la femme de chambre Kathi, qui en arrive à écrire à Alma pour se plaindre. Alma réagit vigoureusement, Mahler aussi. Comme l'observe Alma, il n'y a rien de tel que les défenseurs du genre humain pour être incapables d'établir des rapports convenables avec des subalternes.

Enfin elle revient, dolente, et les Richard Strauss qui sont de passage à Toblach les reçoivent à l'hôtel pour dîner. Pauline attend devant la porte et crie : « Hep! Mahler! Comment ça va? Comment était l'Amérique? Abominable, n'est-ce pas? J'espère que vous avez rapporté de gros sous! » Elle est toujours inimitable, Pauline.

A table, Strauss prie Mahler de s'asseoir à côté de Pauline mais elle proteste : « A condition que vous ne vous mettiez pas à gigoter! Je ne peux pas supporter ça! »

Horrible Strauss. Mais c'est le même horrible Strauss qui travaille, cet été-là, au *Chevalier à la rose* sur le livret d'Hofmannsthal. Les mystères de la création sont impénétrables. En octobre, en route une fois encore pour les États-Unis, les Mahler s'arrêtent à Paris afin que Rodin puisse terminer le buste inachevé.

Cette fois, ils sont descendus au Majestic, un grand hôtel. Mahler pose trois ou quatre fois. Karl Moll viendra en novembre choisir avec Rodin parmi les épreuves préliminaires celle qui sera utilisée pour le bronze.

Et c'est de nouveau New York avec son cortège de mondanités. Un soir où les Mahler dînent chez le banquier Otto Kahn, avec le docteur Fraenkel, leur hôte les amène voir la fameuse Eusapia Palladino, médium. La célèbre Italienne se livre, chez elle, à de curieuses activités. Les invités d'Otto Kahn vont voir flotter des formes aériennes phosphorescentes... Une mandoline va voler... La table se soulève, des objets flottent... La Palladino murmure à Mahler qu'il est en danger...

Il tressaille et sort de cette soirée profondément troublé.

Quoi que l'on pense de telles expériences, la vérité oblige à dire que quelques années plus tôt, Pierre et Marie Curie ont eu, eux aussi, la curiosité d'aller voir la Palladino en compagnie de Jean Perrin. Ce soir-là aussi, des ectoplasmes se sont manifestés..., des objets ont volé... Mais le truquage a été dévoilé. Pourtant Pierre Curie, loin d'être sceptique par principe, était fortement intrigué par le spiritisme.

Cette Eusapia Palladino a fait néanmoins une brillante carrière internationale.

Il semble que pendant cette saison, à New York, tout aille pour le mieux. Mahler écrit à Karl Moll : « J'ai une mine superbe, un poids normal, et je supporte merveilleusement cet énorme travail. Alma aussi va *beaucoup* mieux cette année. Ces derniers jours elle a eu de nouveau (pour la première fois cette année) quelques accès de faiblesse, mais pas aussi graves que ceux de l'année dernière. »

Ils font une expédition dans le quartier chinois, pénètrent dans les tripots, dans des fumeries. « Dans des ruelles puantes, écrit Alma, des rats à longues nattes se coulaient en rasant les murs. Mahler a dit : " J'ai peine à croire qu'ils soient nos frères. " »

Puis ils explorent le quartier juif. « La différence de race était fabuleuse. Les juifs travaillaient ici sans interruption en équipe de jour et de nuit pour ne pas perdre une seule heure. Toute la rue était enlaidie par de vieux vêtements et des guenilles. L'air était plein d'odeurs de nourriture. A voix basse, j'ai demandé à Mahler : « Sont-ils donc nos frères, ceux-là ? » et il a hoché la tête, désespéré. Finalement, nous avons tourné à un carrefour, et nous nous sommes enfin retrouvés dans une rue bien éclairée parmi des gens comme nous. Est-il donc vrai qu'il n'existe aucune différence de classe ni de race ? »

Les Mahler fréquentent aussi les milliardaires. Un soir, ils sont reçus par Louis Tiffany, le fils du fondateur de la célèbre bijouterie, et là ils restent « médusés » par le décor. L'assemblée est nombreuse, on joue sur un orgue le prélude de *Parsifal*, l'hôte, qui abuse du hachisch, prononce des paroles inintelligibles, le lieu paraît ensorcelé.

« Des serviteurs ont passé en silence avec de superbes verres remplis de champagne sur des plateaux où ils ne se choquaient jamais, écrit Alma que cet exploit semble avoir fascinée. Des palmes, des sofas profonds, de belles femmes vêtues de robes qui scintillaient étrangement, c'était comme un rêve. *Les Mille et Une Nuits* à New York. »

L'histoire ne dit pas si les Mahler se sont demandé ce soir-là : « Ceux-là sont-ils nos frères ? »

Les anecdotes nombreuses sur la vie sociale des Mahler aux États-Unis montrent qu'il passe toujours pour un original, capable de partir au milieu des repas, de proférer les propos les plus surprenants, ou de se taire au contraire avec obstination. Mais chacun veut néanmoins l'avoir à sa table.

Trouve-t-il à cette vie quelque agrément ? L'accepte-t-il parce que leur couple n'est plus en état de supporter la solitude à deux, la pire des épreuves ? L'un et l'autre peut-être.

Un pianiste, Samuel Chotzinoff, a laissé de cette période new-yorkaise cette impression : après les concerts, il se glissait alors dans les coulisses pour « contempler Mahler d'un regard d'adoration » sans oser l'approcher. « Souvent sa femme était présente. Elle m'apparaissait comme la plus belle femme que j'eusse jamais vue. D'une certaine manière, il paraissait juste que Mahler, dont le visage était sans beauté et qui portait des lunettes, ait attiré par la force de son génie une si belle femme... »

Retour en Europe, les Mahler passent d'abord par Paris où il doit diriger un concert. Gabriel Pierné offre un dîner en son honneur où Alma est assise entre Debussy qui ne mange rien et Paul Dukas qui lui raconte la célèbre histoire du suicide manqué de la première Mme Debussy. A demi consciente, elle l'a vu arriver, lui vider les poches et emporter l'argent avant de prévenir un médecin. On conçoit qu'une fois ressuscitée, elle ait demandé le divorce.

Selon Alma, Mahler s'est senti, pendant toute cette soirée, étranger et indisposé. Son français sommaire, comme celui d'Alma, n'arrangeant sans doute rien.

Le dimanche, la salle du Châtelet est comble, l'audience de qualité. La comtesse Greffulhe, la comtesse de Béarn, la princesse d'Arenberg, les Clemenceau, les généraux bien sûr, les Debussy, Paul Dukas, André Messager...

Mahler dirige la *Deuxième Symphonie*. Si l'on en croit Alma, dont le récit a été contesté, « tout à coup, au milieu du second mouvement, j'ai vu Debussy, Dukas et Pierné se lever et s'en aller. C'était assez clair! »

On ne peut plus clair, en effet, et peu surprenant de la part de Debussy, plutôt mufle et en réaction violente contre tout germanisme. Mahler, c'est de l'hyper-germanisme.

Le public, en revanche, sera bien disposé. Mais Mahler restera écorché par l'attitude de ses confrères français.

Retour à Vienne, installés chez les Moll qui habitent une nouvelle maison, toujours à la Hohe Warte, de mauvaises nouvelles les attristent. Emil Zuckerkandl, cet ami très cher, meurt en mai d'un cancer. Siegfried Lipiner, que Mahler a revu, est atteint lui aussi. Max Burckhard, enfin, est au plus mal.

Pendant que Mahler cherche, avec Karl Moll, une maison à acheter aux environs de Vienne, et qu'il explore la campagne, les médecins qui, décidément, ne comprennent rien aux « troubles nerveux » d'Alma, l'expédient à Tobelbad, station en vogue.

Ils sont loin de prévoir que le remède s'y trouve en effet. Mais pas dans les eaux thermales.

Tous les couples ont leur part de tragédie, y compris les meilleurs, et leurs périodes de haine.

Alma et Gustav Mahler sont soudés par bien des choses et d'abord la musique qui est leur élément naturel à l'un et à l'autre, leur oxygène. La confiance que Mahler fait à l'instinct musical d'Alma, l'admiration qu'elle a pour le chef d'orchestre, le besoin constant qu'il a de sa présence pour pouvoir composer, leur complicité intellectuelle aussi même si leurs goûts philosophiques et littéraires continuent de diverger et si elle préfère Goethe à Dostoïevski. Mahler est devenu moins despotique, Alma plus indulgente..., plus patiente... D'un autre couple on dirait : après sept ans de mariage, leurs relations sont maintenant affectueuses.

Mais l'abnégation que Mahler a exigée d'Alma – et à laquelle il rend hommage à l'occasion –, cette négation de son moi, cette manière d'absorption à laquelle il a procédé, cette façon qu'il a eue d'en faire en somme une abstraction au lieu d'une femme de chair, tout cela qui est, au sens propre du terme, insupportable, elle va cesser de le supporter. Et l'explosion va être fracassante.

7

Tout commence à Tobelbad où Alma prend les eaux, accompagnée de sa fille et de Miss Turner. Sa mère doit venir la rejoindre. Mahler lui écrit une vraie lettre de mari affectionné : « Avant tout, tu es une oie. Pourquoi te tortures-tu avec de telles élucubrations ? Tu ne m'as jamais, oui peut-être jamais autant plu qu'en ce moment. Remets-toi bien, ma Lux, pour que nous puissions enfin profiter de ce monde comme deux bons camarades, etc. »

Il travaille. Il est à Leipzig, il est à Munich... Que lui écrit-elle pour qu'il réponde par une longue dissertation sur Platon ? Sur le mode pédagogique comme toujours : « Dans Platon, tu as bien su discerner le point essentiel. Il exprime dans les discours de Socrate sa propre conception du monde qui, comprise de travers comme " amour platonique ", s'est élancée à travers les siècles pour atteindre même les intelligences les plus secondaires... »

Suit un long développement, puis :

« La parenté avec le Christ est très évidente et on l'a faite involontairement à toutes les époques. (...) Dans les deux cas, Éros est le créateur du monde. »

Dans le concret des choses, Éros est en train de lui jouer des tours.

Il est apparu à Tobelbad sous les traits superbes d'un jeune Allemand de vingt-sept ans, blond aux yeux clairs, Walter Gropius, enfant de la bourgeoisie prussienne, qui est là en villégiature.

Plus tard, quand il aura fondé le Bauhaus, c'est-à-dire la plus fameuse école d'art du monde d'où sortira tout ce qui nous est aujourd'hui familier, du préfabriqué aux chaises en tubes d'acier, en passant par les murs de verre, plus tard Walter Gropius sera célèbre entre tous. En cet été 1910, il entame sa carrière d'architecte avec des idées très précises déjà sur ce qu'il veut réaliser. Il fait des conférences sur l'amélioration de la productivité dans les usines grâce à un meilleur environnement des ouvriers. L'année suivante, il construira à Alfeld l'usine Fagus, une usine d'embauchoirs tout en verre, bâtiment proprement révolutionnaire.

Comme toujours, l'instinct d'Alma ne la trompe pas. Gropius n'est pas un jeune homme quelconque. C'est lui qu'elle distingue parmi ceux qui tournent autour d'elle.

Fait-il une cure lui aussi? C'est la mode du temps et il relève d'une mauvaise grippe. En tout cas, il est à Tobelbad où le médecin de l'établissement le présente à Alma. Et les choses vont très vite, semble-t-il, sous l'aile d'Anna Moll qui doit avoir son idée sur ce dont sa fille a besoin pour guérir ses nerfs.

Des premiers jours de juin à la mi-juillet, Alma et Gropius flambent. « Une fois, écrira Alma, j'ai vécu une nuit qui n'a été troublée que par la lumière du matin et par le doux chant du rossignol. Auprès de moi était couché un beau jeune homme. Et cette nuit-là, deux âmes s'étaient trouvées et deux corps s'étaient ainsi oubliés. »

On a déjà remarqué qu'elle n'était pas poète! Mais enfin, elle dit ce qu'elle veut dire sous cette forme ampoulée.

Elle a des remords, évidemment. Qui n'en a pas? Elle se sent coupable, cela va de soi.

La nuit, elle fait l'amour avec Gropius. Le jour, elle écrit à son mari des « petites lettres tristes » qui l'inquiètent. « Me caches-tu quelque chose? J'ai l'impression de toujours sentir quelque chose entre les lignes. »

Sans doute. Inconsciemment, elle doit rêver du moment où Mahler saura. Pendant deux jours, elle n'écrit pas. Il s'inquiète, puis se fâche. « Je ne sais pas pourquoi tu n'arrives pas à m'écrire à temps une carte! Qu'est-ce donc qu'il faut faire avec une telle femme-enfant? »

Alma, une femme-enfant!

Il écrit à sa belle-mère combien il est inquiet pour Alma et « ces souffrances torturantes » qu'elle endure, lui dit « quelle chance que nous t'ayons! » C'est le cocu parfait.

Dans son journal comme dans le récit qu'elle a fait de sa vie, Alma a complètement gommé toute l'histoire de ses premières amours avec Walter Gropius. Il devient un certain X, qui s'est malencontreusement épris d'elle au cours de promenades à Tobelbad. Elle a quitté la station, elle a rejoint Mahler à Toblach et « au bout de huit jours environ est arrivée une lettre du jeune homme m'écrivant qu'il ne pouvait plus vivre sans moi et que si j'avais pour lui le plus petit des sentiments j'abandonnerais tout pour le suivre ».

Tout ceci est mensonge. Depuis qu'Alma a quitté Tobelbad, elle n'a pas cessé de correspondre, poste restante, avec son amant. Et le jeune homme va commettre un acte manqué ahurissant. Il écrit à Alma une lettre toute chaude de son amour, pleine de pressantes supplications, et il l'adresse... à Mahler. A M. le Directeur Mahler.

Ce geste, dont Walter Gropius n'a jamais pu fournir la moindre explication, ce geste est si troublant qu'on n'en finira jamais de s'interroger sur son origine. Gropius a toujours eu de préférence des liaisons avec des femmes mariées dont il recherchait le mari. Est-ce Mahler qu'il aime à travers Alma? Ou bien, en lui adressant cette lettre, lui a-t-il inconsciemment demandé de lui donner Alma? Le mystère de la « distraction » de Gropius ne sera jamais élucidé. En tout cas, nul doute qu'elle n'est pas fortuite.

La suite : la lettre est sur le piano. En revenant du Häuschen, Mahler la voit, l'ouvre, la lit, appelle Alma... Qu'est-ce que c'est que ça? dit-il. Elle lit la lettre... Et elle explose. Et ce qu'il va entendre est terrible, même si cela est dit sans cris. Oui, elle l'a trompé, et il y a de quoi. Elle le tient, là, sous sa patte de lionne, celui qui depuis sept ans la domine, la gouverne, la frustre, l'étouffe, la traite comme un pur esprit, l'écrase de son génie aveugle. Longtemps elle s'est accablée de reproches, souvent elle s'est crue coupable de ne pas cheminer avec lui sur les crêtes, elle a contenu son agressivité, pire elle l'a retournée contre elle-même. Et voilà que d'un coup elle la libère. « Enfin, j'ai pu tout lui dire ! »

Il n'exprime ni colère ni amertume, il n'adresse à l'infidèle aucun reproche, il est le théâtre d'un effondrement intérieur. Va-t-elle le quitter comme son amant l'en supplie ? Elle dit tout de suite que non. Il se sent coupable, coupable d'avoir enchaîné à sa vie une trop jeune femme, mais quoi ! Quand cette crise éclate, il a cinquante ans, elle en a trente. Le fond des choses n'est pas là. Où est-il ? Que s'est-il passé ? Ils vont en parler pendant des heures comme on parle dans ces crises. Mahler se frappe la poitrine, recense tous les renoncements qu'il a imposés à Alma... Il est si secoué qu'il appelle sa belle-mère au secours. Et il ne quitte plus Alma d'un pas. Le voilà jaloux de tout et de tous. La nuit, la porte de leurs chambres respectives doit rester ouverte, il veut l'entendre respirer. Parfois, elle se réveille et le voit, debout devant elle. Une nuit, elle le trouvera évanoui dans le couloir.

Dans cet anéantissement de son univers affectif, Mahler n'a plus qu'une peur : perdre Alma. Qu'elle l'abandonne.

En décryptant la biographie des premières années de Mahler, on trouverait probablement la clef de son attitude vis-à-vis de sa femme : culpabilité et peur de l'abandon comme un enfant a peur de perdre sa mère. Mais après tout, qu'importe cette clef... Il est là, pantelant, saignant. Il se couche par terre pour pleurer dans le Häuschen...

Et voilà que Gropius arrive !

Deux jours après la scène de la lettre, elle lui a écrit en le conjurant de ne pas venir à Toblach. « Parce que cela est arrivé comme par hasard (la découverte de son aventure) et non pas à la suite d'un aveu spontané, il a perdu toute confiance, toute foi en moi... »

Mais Gropius ne lui obéit pas. Il arrive, erre dans le village, s'approche de la propriété où un chien de garde le décourage... Au cours d'une promenade avec Mahler, Alma l'aperçoit, dissimulé sous un pont. Que fait-elle? Elle signale sa présence à Mahler.

« J'irai le chercher moi-même! » dit-il. Et il y va. Et il lui dit simplement : « Venez. »

La nuit est tombée. Les deux hommes marchent longuement dans l'obscurité, l'un derrière l'autre, sans échanger un mot. Quand ils arrivent, Mahler appelle Alma et la laisse seule, au salon, avec Walter Gropius. Après un moment, elle s'inquiète de son mari, le trouve en train de lire la Bible et lui disant : « Ce que tu feras sera bien fait. Prends ta décision. »

Quitter son mari? Suivre son amant, là, sur-le-champ, comme le jeune homme l'en conjure? Il n'en est pas question. Elle le dit fermement, et congédie Gropius qui se retire.

Mahler, chapeau à la main, le raccompagne jusqu'à la limite de la propriété en l'éclairant d'une lanterne, sans un mot. Plus tard, Gropius lui écrira pour le remercier de son attitude.

A-t-elle joui de cette scène, Alma? Sûrement. Elle reproduira plus tard cette situation.

Le lendemain, elle va à Toblach dire au revoir à son amant. A-t-elle fait l'amour avec lui à l'hôtel? Probablement. Elle le met dans le train. Gropius télégraphie ensuite de chaque gare.

Commentaire d'Alma :

« De longs appels ont suivi avec des supplications. Mahler a utilisé tout cela dans ses merveilleux poèmes de cette époque (...). Il était bouleversé jusqu'au fond de l'âme. C'est alors qu'il a noté ces phrases et ces appels adressés à moi sur les esquisses de la *Dixième Symphonie*. »

Sur le manuscrit de la *Dixième Symphonie*, Mahler a griffonné : « Ô Dieu, ô Dieu, pourquoi m'as-tu abandonné! » Mais aussi : « Toi seule sais ce que cela signifie... Ah! ah! ah! adieu ma lyre... » Enfin : « Pour toi vivre! pour toi mourir, Almschi! » Vingt ans plus tard, les visiteurs d'Alma à Vienne pourront voir ces pages exposées dans son salon, comme on expose un trophée de chasse.

Intimement bouleversé par l'épisode Gropius, persuadé qu'il va perdre Alma, Mahler va connaître l'humiliation suprême : il devient impuissant. C'est un enfer qu'il vit, là, devant une jeune femme qui sort des bras de son amant. Alors, il décide d'aller consulter Freud.

Celui-ci se trouve en Hollande, en vacances avec sa famille. Un cousin d'Alma, le neurologue Richard Nepallek, prend contact avec lui pour organiser un rendez-vous. Pendant que des lettres s'échangent, Mahler sombre dans une régression spectaculaire. Quand Alma s'éveille, le matin, elle trouve sur sa table de nuit des billets comme celui-ci :

« Mon souffle vital ! J'ai mille fois baisé tes petites pantoufles et suis resté, plein d'un ardent désir, près de ta porte. Tu m'as pardonné, ô ma déesse, mais, ma chérie, les Démons m'ont mille fois puni parce que j'ai de nouveau pensé à moi et pas à toi.

« Je ne puis quitter ta porte et j'aimerais rester là longtemps, debout, jusqu'à ce que je perçoive le doux bruit de ton souffle et de ta vie.

« Que soit béni, ma chérie, tout ce qui me vient de toi. Chaque battement de mon cœur est pour toi. »

On est loin des considérations sur Platon.

Un autre jour, il lui laisse ce billet : « Mon Almschilitzilli, reste donc aujourd'hui au lit, ce sera pour toi le meilleur repos. Je m'installerai près de toi et ne m'en irai pas de la journée. »

Un matin, elle trouve ces lignes : « Ne pas venir me chercher parce qu'il fait trop humide et les petits pieds se mouilleraient – ou alors mettre des galoches. »

La relation de domination de Lui à Elle qui a fondé leur couple s'est retournée. Désormais, elle est la Reine cruelle de ce Sujet éperdu.

Il va plus loin, le plus loin possible. Un jour, en rentrant de promenade avec Gucki, Alma entend, stupéfaite, jouer et chanter ses lieder.

Elle entre dans la pièce où Mahler, illuminé, joue les

compositions de sa femme et il s'écrie : « Mais qu'est-ce que j'ai fait! Ces lieder sont bons, ils sont même excellents! Je veux que tu y travailles, et on les publiera. Je ne te laisserai pas tranquille avant que tu ne les aies terminés! Mon Dieu! que j'ai pu être étroit d'esprit! »

Et il se met à les jouer et à les rejouer. Il est bien temps. Quelques jours après, il écrit :

« Elle m'aime! Cette parole est tout le contenu de ma vie. Lorsque je ne pourrai plus la dire, je serai mort. Lorsque je sortirai aujourd'hui, si tu n'es pas là...

« Comme je désire te voir et tenir dans mes bras ma chérie, ma tendrement aimée! Les chers lieder (ceux d'Alma), ces merveilles, hérauts d'un être divin, seront mes étoiles jusqu'à ce que le soleil de ma vie paraisse à mon firmament. »

Il est grand temps que la réponse de Freud à Richard Nepallek arrive. Le médecin accepte de recevoir Mahler bien qu'il soit en vacances, mais il faut que le patient se déplace. Mahler tergiverse, remet deux fois le rendez-vous... Enfin, il part pour la Hollande.

De l'entrevue entre les deux hommes on a plusieurs témoignages : le récit du biographe de Freud, Ernest Jones, celui que Freud lui-même en a fait à Marie Bonaparte, sa disciple, ce qu'il a écrit enfin au psychanalyste Theodor Reik, mahlérien enragé. Les deux hommes se sont rencontrés à l'hôtel puis ils ont passé quatre heures à se promener dans les rues de Leyde. Mahler n'a aucune connaissance de la psychanalyse et, à l'époque, cela suppose une ignorance qu'on ne peut même pas concevoir aujourd'hui où chacun est ou se croit familier avec Œdipe et sa suite. Il reçoit donc comme une révélation saisissante cette remarque de Freud : « Je suppose que votre mère s'appelait Marie. Je l'ai deviné à plusieurs indices au cours de notre conversation. Comment se fait-il que vous ayez épousé une femme portant un autre nom? »

Mahler se souvient alors qu'il a toujours voulu appeler Alma par son second prénom qui est... Marie.

Il parle, il parle pendant de longues heures et Freud, à la fin le rassure. Il connaît Alma. La différence d'âge qui effraye Mahler est précisément ce qui a attiré la jeune femme. Elle aimait son père et ne pouvait rechercher que ce type d'homme. Quant à lui, il a recherché une femme du type de sa mère.

« Votre mère était souffrante et affligée, lui dit-il, et c'est ce que vous voudriez que soit votre femme. »

Tel est le récit que Mahler fera de sa visite à Alma qui, le rapportant, ajoute : « Il (Freud) avait raison. Lorsqu'il m'a connue, il aurait souhaité que je sois " marquée par la souffrance ", tels étaient ses propres mots. (...) Moi aussi, j'avais réellement recherché un homme de petite taille, trapu mais doué de sagesse et d'un esprit supérieur, tel que j'avais connu et aimé mon père... »

Du côté du docteur Freud – qui ne portait aucun intérêt à la musique –, Marie Bonaparte a recueilli une indication qui fait bouillir le sang des musicologues.

« Dans le courant de la conversation, a-t-il raconté, Mahler a subitement dit qu'il comprenait maintenant pourquoi sa musique n'avait jamais atteint au niveau le plus élevé, parce que les passages les plus nobles, ceux inspirés par les émotions les plus profondes étaient gâtés par l'intrusion d'une mélodie banale. Son père, qui était apparemment un brutal, traitait très mal sa femme, et lorsque Mahler était enfant, il y a eu une scène particulièrement pénible entre eux. Elle est devenue insupportable pour le jeune garçon qui s'est sauvé de la maison. A ce moment-là, pourtant, un orgue de Barbarie jouait dans la rue une chanson populaire viennoise, *O du lieber Augustin!* De l'avis de Mahler, l'assemblage dans son œuvre de noble tragédie et d'humour léger a été depuis lors inextricablement lié dans son esprit et l'une de ces humeurs amenait toujours l'autre. »

Que Mahler ait vu clair ou non, à cet instant, dans son processus de création, ces quatre heures de psychanalyse sauvage l'ont aidé. Freud en dira ceci à Theodor Reik : « J'ai analysé Mahler au cours d'un après-midi à Leyde. Si j'en crois ce qui a été écrit, j'ai obtenu avec lui de bons résultats. Cette consultation lui était apparue nécessaire parce que sa femme s'était insurgée contre le retrait de sa libido. Au cours d'explorations intéressantes à travers l'histoire de sa vie, nous avons découvert ses particularités amoureuses et en particulier son complexe d'Œdipe. J'ai eu de nombreuses occasions d'admirer la capacité de compréhension psychologique de cet homme de génie. Aucune lumière n'a été jetée sur la façade symptomatique de sa névrose obsessionnelle. C'était comme si on avait creusé un puits unique au travers d'un bâtiment mystérieux. »

Quatre heures, même avec Freud, ne constituent pas, évidemment, une analyse. Néanmoins, Mahler y trouvera du soulagement, et même le retour de ladite libido. En d'autres termes, il est de nouveau capable de faire l'amour à sa femme «insurgée» contre son impuissance.

Alma, en revanche, est profondément perturbée. Dans les lettres qu'elle envoie à Gropius de Toblach, elle décrit la transformation de Mahler qui la submerge, maintenant, de témoignages d'amour. « ... Je vis quelque chose que je n'aurais jamais cru possible, écrit-elle. C'est que (son) amour est tellement illimité que, malgré tout ce qui est arrivé, je lui donne la vie en restant et en partant la mort... Gustav est comme un superbe enfant malade! »

Elle s'interroge, se sent contrainte de décider, demande à son amant : « Comment s'arrangeraient les choses et que m'arriverait-il si j'optais pour une vie d'amour avec toi. Oh! aide-moi, je ne sais que faire et ce à quoi j'ai droit. »

Droit... Alma ne serait pas de son temps si elle vivait cet adultère avec bonne conscience. Cette femme, qui ne se privera jamais d'amants, aura d'ailleurs toujours la conviction que les amours illégitimes sont coupables, et parfois punies comme telles. Mais le piment de la faute n'est pas non plus négligeable.

De Toblach, elle ne cesse d'écrire à Gropius, lui demande même de la présenter à sa mère. Ils correspondent désormais par l'intermédiaire d'Anna Moll,

« compréhensive, patiente et discrète ». Il semble que, grâce à la complicité d'Anna, Alma réussisse à faire un saut à Vienne pour voir son amant.

Les derniers jours passés cet été-là à la montagne montrent Mahler travaillant frénétiquement mais comme déconstruit.

« Cette idolâtrie et cette admiration qu'il me voue maintenant peuvent à peine être considérées comme normales », écrit Alma à Gropius.

Elle est éprise de son bel amant, le lui dit, se justifie auprès de lui d'être infidèle à Mahler.

« Je crois avoir noté dans mon organisme même, dans mon cœur et dans mes autres organes, que rien n'est pire qu'une ascèse forcée. Et je ne veux pas dire par là seulement les plaisirs sensuels dont la privation a fait de moi prématurément une vieille femme, retirée du monde et résignée, mais aussi la paix durable de tout mon corps.

« Pour le moment, je suis au lit... et je suis près de toi, d'une manière tellement intense que tu dois le sentir. »

Ailleurs, elle décrit le désir qui l'habite :

« Quand viendra l'heure où tu seras couché tout nu contre mon corps, où rien ne pourra nous séparer sinon, tout au plus, le sommeil... Je sais que je ne vis plus que pour cette époque où je t'appartiendrai complètement ! »

Et elle signe cette lettre : « Ta femme. » Elle en signe d'autres : « Ta fiancée. »

Ici, on se pose une question. Pourquoi n'a-t-elle pas quitté Mahler ? Car elle ne l'a pas quitté. Son mariage avec Gropius se situe beaucoup plus tard dans leur histoire commune, et Alma aura vécu d'autres amours mémorables.

Elle n'a même pas envisagé de quitter Mahler. Pourquoi ? On peut retenir une explication : elle sait qu'en le quittant elle le tue. Mais on peut en retenir une autre : maintenant que la situation est renversée, que le Maître est devenu l'Esclave, elle en jouit intensément. Sa soif d'égards, son appétit de domination vont être comblés.

Peut-être les deux explications sont-elles bonnes.

Les Mahler rentrent à Vienne. Alma revoit Gropius naturellement, toujours avec la complicité de sa mère. Elle lui écrit : « Mon Walter..., de toi, je veux un enfant. » Elle a toujours ce réflexe, le plus naturel qui soit chez une amoureuse. « Écris-moi pour me dire si ton désir est toujours aussi fort qu'il y a un mois... »

Il répond sur le mode lyrique : « Ô joie de mon existence! (...) Je me mets à genoux devant toi, ô ma vérité, et je lance vers toi un regard de reconnaissance, (etc.). »

Début septembre, Mahler se rend au Festival de Munich où il doit diriger sa *Huitième Symphonie*. Pendant les quarante-huit heures où il est séparé d'Alma, il lui écrit :

« Crois-moi, je suis malade d'amour... Si tu restes encore loin de moi pendant une semaine, je serai certainement mort. Almschi, si tu m'avais alors quitté, je me serais tout simplement éteint comme une torche privée d'air. »

Malade d'amour, c'est le mot.

Quand Alma le rejoint à l'hôtel Continental, elle trouve des roses dans toutes les pièces de leur appartement. Des amis sont là, nombreux. Mais Justi et une vieille amie de Mahler, la comtesse Wydenbruck, ont à l'égard d'Alma un comportement qu'elle juge « inamical ». Aussitôt Mahler les éconduit. Alma commente fièrement :

« Mahler n'était plus cet être inconscient. Au contraire, il attendait maintenant avec une impatience brûlante de voir si on m'accordait assez de respect et de chaleur. »

On tremble à lire cette phrase.

Pendant que Mahler répète, Alma retrouve son amant qui l'attend à l'hôtel Regina Palast. Ils profiteront largement de ces répétitions. Le jour du concert, triomphal, Alma sera tout de même dans la salle. Gropius s'y glissera discrètement, troublé par la musique de Mahler.

En novembre, pour la quatrième fois les Mahler embarquent pour les États-Unis, à Cherbourg.

Lui est arrivé à Cherbourg de Brême, elle de Paris.

Quel prétexte a-t-elle trouvé avec l'aide de sa mère pour passer par Paris? Peu importe. Elle a donné rendez-vous à Gropius dans l'Orient-Express. Il vient de Berlin, elle de Vienne.

Dans le train qui s'arrête en gare de Munich, elle attend son amant, dissimulée sous une voilette, torturant un petit mouchoir dans son manchon. S'il ne venait pas? Si Mahler surgissait? Elle a recommandé à Gropius de retenir sa place sous un faux nom, mais les jaloux ont du génie... Calfeutrée dans son sleeping, le numéro 13, elle écoute le bruit des wagons qui s'entrechoquent, les cris, les pas sur le quai... La porte de la cabine s'ouvre, il est là!

Quoi de plus romantique que l'Orient-Express? De plus érotique qu'un wagon-lit? Ils y sont éperdument heureux, bonheur qui se prolonge pendant quatre jours passés à Paris.

« Journées exquises, sans dissonances, atmosphère sans nuages... » Et puis tout de même, il faut qu'elle parte, qu'elle s'arrache...

« Quand te reverrai-je tel qu'un dieu t'a créé – car seul un dieu a pu te faire, je veux accueillir en moi toute ta beauté. Nos perfections doivent donner naissance à un demi-dieu... », lui écrit-elle de New York. C'est l'une de ses marottes. De Mahler elle disait déjà : « Avoir un enfant de lui, son âme, mon physique! »

Alma et Walter Gropius se sont donné rendez-vous à Paris en mars. Car il est convenu qu'elle rentrera des États-Unis avant Mahler pour s'occuper de la maison qu'ils font construire au Semmering, dans les environs de Vienne.

Anna Moll, légitimement soucieuse pour sa fille, écrit à Walter Gropius qui se ronge :

« Je crois fermement que votre amour réciproque survivra à tous les obstacles. J'ai en vous une confiance illimitée et je suis convaincue que vous aimez tellement mon enfant que vous ferez tout pour qu'elle ne soit pas malheureuse. »

Confiance bien placée. A travers des événements divers, Walter Gropius sera toujours, en tous points, parfait.

A New York, le travail de Mahler pour le Met et pour le Philharmonic reprend, intense.

Le soir de Noël, il organise pour sa femme une petite cérémonie. Il a amoncelé des cadeaux sur une table et l'a parsemée de roses roses, il a même acheté du parfum, bien qu'il ne le supporte pas.

Il y a aussi deux bons.

BON

d'une valeur de 40 dollars
pour les boutiques chic de la 5ᵉ avenue
de la part de M. Gustav Mahler
pour une bonne promenade avec
son Almschi dans la nature

BON

pour l'achat d'un
Solitaire
d'une valeur de plus de 1 000 dollars
Gustav Mahler
New York 1910

Elle se réjouit de ces cadeaux. Mais lui est si triste qu'il faut le calmer.

Quelques jours plus tard, les Mahler reçoivent la visite de la cantatrice Frances Alda qui veut chanter, au cours d'un prochain concert, un lied d'Alma. Tout de suite Mahler prend feu et flamme, il essaye de convaincre Alda de chanter cinq lieder, mais le programme est déjà composé.

Mahler décide alors qu'il fera lui-même répéter le lied à la cantatrice et se rend chez elle au Waldorf Astoria, avec Alma.

Là, chaque note fait l'objet de ses soins. Frances Alda, docile, obéit à ses indications. « C'est bien ce que tu veux ? » demande Mahler à sa femme. « Et là ? C'est bien ça ? » Mais Alma, paralysée par une soudaine timidité, n'ose pas ouvrir la bouche et finit par dire : « Ne me pose pas de questions ! Tu sais mieux que moi ! »

En rapportant cette scène, elle ajoute : « A cette époque, nous étions très unis. » C'est-à-dire que, depuis qu'elle est souveraine, son humeur est exquise. Elle a complètement abandonné l'alcool, et elle s'est même remise à composer, c'est Mahler qui l'annonce fièrement à sa belle-mère. « Des lieder merveilleux. » Et il insiste pour qu'Anna Moll, qu'ils attendent, ne tarde pas davantage à venir les rejoindre. Elle trouvera Alma florissante.

Mais un matin, Mahler a mal à la gorge et sort, malgré l'avis contraire du docteur Fraenkel. Le lendemain, la fièvre se déclare. Angine. Néanmoins il veut absolument se rendre à Carnegie Hall où il doit diriger un concert. Pendant quelques jours, il paraît aller mieux puis la fièvre reprend. Cette fois, il est immobilisé.

Il a eu, au cours des dernières semaines, des conflits avec les commanditaires du Philharmonic – car s'il est devenu plus calme, il n'est pas devenu plus souple –, et la presse donne les interprétations les plus fantaisistes de sa maladie que certains prétendent simulée.

En fait, Mahler n'a plus que trois mois à vivre.

Mais personne ne le soupçonne, sauf peut-être le docteur Fraenkel. Il est atteint d'une endocardite lente accompagnée de streptocoques. Le diagnostic est posé par le plus grand spécialiste de cette maladie.

Commencent alors ces semaines affreuses où avec chaque chute de température renaît l'espoir, avant que revienne l'angoisse, où l'on consulte spécialiste après spécialiste, où l'on ne veut pas savoir et où on commence à savoir que chaque progrès apparent dans l'état du malade est factice.

Souvent Mahler est parfaitement sûr de guérir. Souvent il cède au désespoir et alors il est terrifié par la mort.

Lorsqu'il se sent mieux, il plaisante : « Si je casse ma pipe, tu seras un bon parti, tu es jeune et belle... Qui épouseras-tu ? » Il énumère les maris possibles et finit par dire :

« Décidément, il vaut mieux que je reste avec toi. »

Pendant ces semaines de douleur, Alma sera à la hauteur de l'idée qu'elle se fait d'elle-même. Elle ne cessera de correspondre avec Walter Gropius qu'elle tient au courant jour par jour, mais attentive, tendre, vigilante, elle ne quitte quasiment plus l'hôtel où

Mahler ne se lève que pour passer de son lit à un canapé.

Fin mars, Alma écrit à Walter Gropius : « A ma grande stupeur, j'ai pu accomplir un effort surhumain. Pendant douze jours, je ne me suis presque pas dévêtue. J'ai été infirmière, mère, maîtresse de maison, tout cela à la fois. Mais, plus que tout, j'ai été submergée par la douleur et par l'angoisse, par le chagrin. Mes sentiments sont pour le moment engourdis mais sais bien que, quand je te verrai, tout revivra et refleurira en moi. Aide-moi... avec ces élans qui m'ont submergée de bonheur. Je te veux! Mais toi, me veux-tu aussi? »

Elle ne s'échappe qu'un jour de l'hôtel, sur l'insistance du docteur Fraenkel, pour aller au Mendelssohn Hall où a lieu le concert de Frances Alda. Quand elle rentre, Mahler la presse de questions, disant « qu'il n'a jamais été plus ému lors d'une de ses propres premières ». En apprenant que le lied d'Alma a été bissé, il murmure : « Dieu merci! »

Dès qu'elle a pris conscience de la gravité de la situation, Alma a appelé sa mère au secours. Et elle arrive, la bonne Anna, bien qu'elle ait une autre fille, Maria, beaucoup plus jeune, qui a besoin de ses soins. Elle confie Maria à ses voisins, et elle arrive.

« Nous savions qu'aucune fatigue ne serait excessive et qu'aucun effort ne lui ferait peur pour accourir auprès de Mahler s'il l'appelait, écrit Alma. Le rapport de Mahler avec ma mère et vice versa était si profond que je faisais toujours la même plaisanterie : je disais que si Mahler était venu lui dire : " Sais-tu que j'ai dû tuer Alma? " elle aurait sans doute répondu : " Mais tu as eu certainement raison, Gustav! " sans en demander davantage. »

Anna relaye Alma au chevet du malade le jour. Alma continue à le veiller la nuit. Il ne supporte pas la présence d'infirmières professionnelles. Alma nourrit son mari à la cuiller et c'est ce qu'il peut souhaiter de plus doux. « Lorsque je serai remis, nous continuerons, lui dit-il. C'est tellement agréable... »

Les jours passent. Il gît, « consumé par une fièvre mystérieuse et fatale », sachant au fond de lui qu'il va mourir. Pour lui rendre espoir, le docteur Fraenkel suggère que contact soit pris avec de grands bactériologistes européens, et il s'y emploie. Mahler reprend confiance. Alma commence à boucler leurs quarante malles et valises.

Le jour du départ, il refuse la civière qui a été préparée et marche, au bras du docteur Fraenkel, jusqu'à l'ascenseur. Le liftier se cache pour dissimuler ses larmes. Le directeur a fait évacuer le hall pour ne pas infliger à Mahler la curiosité des clients.

Enfin, il atteint le bateau, se couche, brûlant de fièvre. A Cherbourg, le capitaine organise leur débarquement pour que, là aussi, il échappe aux regards, protégé, dans la vedette qui le conduit à quai, par un rempart de bagages. Il est livide. Le débarquement est long, pénible. A bord un jeune homme avait bien proposé de les aider, mais à l'arrivée il s'est évanoui, et Alma ne le retrouvera que dans le train, racontant de belles histoires à Gucki. Ce jeune homme, c'est Stefan Zweig. L'écrivain, qu'Alma fustige, laissera ces impressions : « Il gisait là, d'une pâleur de mourant, immobile et les paupières closes... Pour la première fois, je le voyais affaibli, lui, l'impétueux. Mais cette silhouette, la sienne, inoubliable, oui inoubliable, se dessinait sur le gris infini du ciel et de la mer.

« Il y avait une tristesse sans limite dans ce spectacle mais il y avait aussi quelque chose de grand et de transfiguré, quelque chose qui se terminait dans la noblesse comme une musique. »

Enfin les Mahler, Anna, Miss Turner, Gucki arrivent à Paris où les attend Karl Moll qui les installe à l'Élysée Palace. Les spécialistes que Fraenkel a contactés de New York sont absents de Paris : c'est Pâques. Un bactériologiste de l'institut Pasteur, le professeur André Chantemesse, accepte de revenir de l'Allier où il se trouve en villégiature, et fait immédiatement entrer le malade en clinique. Un traitement de sérum est mis en place, dont personne ne peut plus rien ignorer : depuis que Mahler est en Europe, la *Neue Freie Presse* publie tous les jours des informations détaillées sur l'état du malade et les soins qu'il reçoit.

Justi arrive, Bruno Walter arrive. Alma suppose que

le traitement sera long puisqu'elle écrit à Walter Gropius, fin avril, pour lui suggérer de venir à Paris.

Elle rêve de ses mains « chaudes, douces et si chères » et le prie de lui répondre aux bons soins d'Anna Moll. Nous ne savons pas s'il est venu. Dans une autre lettre, elle le remercie de la photo qu'il vient de lui envoyer, « être infiniment cher, serre-moi fort, je te baise les mains comme ta bien-aimée ». Début mai, après une rémission l'état de Mahler s'aggrave. Un nouveau médecin, le professeur Chvotsek, mandé depuis Trieste, arrive et persuade Mahler qu'il va le sortir d'affaire à condition de pouvoir l'emmener à Vienne. « Il ne faut pas vous décourager, lui dit-il, il n'y a pas de raison. Tout cela vient de ce que vous travaillez trop! »

Mahler reprend courage. En même temps Chvotsek prévient Alma : Mahler est perdu. On le remet dans un train, on l'hospitalise. Son calvaire s'achève le 18 mai 1911. Il meurt doucement, à Vienne, à cinquante et un ans. La *Dixième Symphonie* restera inachevée.

Alma ne donne aucun signe de douleur ni de chagrin, mais ces trois mois d'agonie l'ont anéantie. Sa mère l'emmène. Les médecins décident de la garder sous surveillance pendant quelques jours et lui interdisent d'assister aux obsèques de son mari. Elle obéit.

On s'étonne aujourd'hui de cette façon de traiter les femmes comme si elles étaient en sucre. Mais c'est le genre de l'époque. C'est Karl Moll qui veillera la dépouille mortelle. Mahler a demandé qu'on lui perce le cœur. Ce sera fait. Il a souhaité un enterrement sans discours ni musique. Au petit cimetière de Grinzing où on l'inhume selon ses vœux auprès de Putzi, Vienne lui fait des funérailles somptueuses. Tout le monde est là, les amis, les ennemis, la foule. Des monceaux de fleurs entourent la tombe. Il pleut. Un prêtre bénit le cercueil. C'est fini.

Comme il est de règle, ceux qui, autrefois, ont le plus durement combattu Mahler encensent maintenant le génie foudroyé et le couvrent de fleurs dans tous les sens du terme. La presse n'est qu'éloge funèbre. Berta

Zuckerkandl, qui s'est abstenue d'assister à la cérémonie par mépris des conventions, en aura le cœur soulevé. Elle a tort. Les vivants ont peur des morts. C'est pourquoi ils disent immanquablement du bien de ceux qui viennent de disparaître. Même Karl Kraus s'y mettra.

Un demi-siècle plus tard, on dira, on écrira, on répétera qu'Alma a tué Mahler. Qu'elle l'a placé dans une posture psychique telle que la maladie l'a trouvé vulnérable, privé de résistance. La thèse paraît audacieuse, s'agissant d'une maladie infectieuse. La pénicilline l'aurait vraisemblablement sauvé.

Mais s'il est vrai qu'on peut mourir d'amour, alors, oui, il en est mort.

8

Voici donc Alma seule, hébergée par sa mère à la Hohe Warte, délivrée certainement, amputée aussi. Longtemps, Mahler sera présent dans ses rêves, dans ses pensées, dans son journal quand elle s'interrogera sur le sens de la vie. Amputée mais libre.

La jeune veuve de trente et un ans, bientôt trente-deux, qui ne porte pas le deuil pour obéir au vœu du disparu, n'est pas restée dépourvue. L'Opéra lui assure une pension, Mahler a laissé à New York cent mille dollars à son nom et à Vienne cent trente-neuf mille couronnes, plus le terrain du Semmering. Ce n'est pas la fortune mais c'est l'aisance. Pendant six mois, par respect des convenances, on ne la verra nulle part. Et puis, dans la ville toujours ivre de culture, de fêtes et d'art, un nouveau personnage va prendre place, la veuve de Mahler.

Égards, hommages, connaissant un peu Alma, maintenant, on imagine aisément le plaisir qu'elle va y prendre. De surcroît, cette femme si riche en séduction est maintenant cernée d'une aura supplémentaire : elle est marquée du sceau du grand homme. Il ne manquait plus que ça pour la rendre irrésistible.

Gropius accourt. Il est lui-même éprouvé par la mort de son père auquel il était attaché. Les retrouvailles se font dans l'émotion, les larmes, le désir qu'ils ont l'un de l'autre et qui n'est pas usé. Il y a plusieurs mois qu'ils ne se sont pas vus, ils ont un million de choses à se dire... Puisque rien ne les sépare plus, le moment est venu de faire le point sur leurs sentiments réciproques, l'avenir de leur liaison, le mariage que Gropius souhaite passionnément.

Alors, dans la chambre d'hôtel où ils sont étendus, l'un près de l'autre, heureux, apaisés, Alma se conduit de cette façon curieuse que l'on a déjà pu observer. Pressée de questions par son amant, au lieu de se réfugier dans un pieux mensonge, elle dit oui, oui pendant tous ces mois j'ai fait l'amour avec Mahler quand il l'a souhaité, oui je lui ai donné toute la tendresse dont il avait besoin, oui.

Elle ne ment jamais, Alma, sans que l'on sache si c'est là fierté d'elle-même ou provocation au drame.

Gropius prend cet aveu très mal. Il se sent berné, trompé, trahi.

Quand elle le quitte, il lui écrit : « Une question importante à laquelle tu dois répondre, je t'en prie. Quand es-tu pour la première fois redevenue sienne? »

Quel génie ont les amants pour se torturer...

Quand il quitte Vienne, ulcéré, à la mi-août 1911, pour rentrer à Berlin où son travail l'appelle, le climat entre eux s'est détérioré. Le ton est à l'adieu. Elle s'affole, lui écrit, c'est trop bête d'en finir comme ça. Il répond. Ils continueront à s'écrire. Et Gropius ayant la singulière habitude de conserver copie de ses lettres d'amour, on peut y observer que, s'il a quelque peine à se détacher d'Alma, il s'y efforce, allègue en particulier des raisons de santé pour refuser de venir la rejoindre à Paris où elle dispose d'un appartement.

Selon toute apparence, cet amour allemand se défait. Mais on verra que ce n'est pas si simple de désaimer Alma.

Pour l'heure, un nouveau soupirant se manifeste : le bon docteur Fraenkel. Lui aussi veut l'épouser! Elle accepte de l'accompagner en croisière, à Corfou, ce qui témoigne d'une belle liberté à l'égard des préjugés du temps. Il est drôle, brillant, bourré d'idées... D'origine viennoise, il lui fait la cour en allemand. « Prométhée n'a pas donné le feu aux hommes pour qu'ils en fassent des allumettes », dit-il. Ce personnage divertissant n'a qu'un défaut : elle n'a pas envie de lui. Mais elle gardera de ce voyage un souvenir : un jour, un ministre albanais est monté à bord et dans la conversation, il a cité un proverbe de son pays : « Ce n'est pas l'assassin qui est coupable, c'est l'assassiné. » Une devise pour Alma, quasiment. Elle ne l'oubliera jamais.

À l'automne, elle quitte la maison Moll pour aller habiter avec sa fille Elisabethenstrasse. C'est la première fois qu'elle peut installer un intérieur à sa guise. À l'Auenbruggergasse, puis à Maiernigg, elle est toujours entrée dans les meubles de Mahler. Et elle prend plaisir, cette fois, à arranger cette nouvelle demeure dans le plus pur style sécessionniste, avec un salon rouge de musique où elle peut asseoir quatre-vingts personnes quand elle reçoit, en robe de lamé or.

Mahler est mort depuis six mois lorsqu'elle se produit pour la première fois en public, à Munich où Bruno Walter dirige *Le Chant de la terre*.

Elle n'aime pas vraiment Bruno Walter, elle a toujours été jalouse de son intimité avec Mahler. Quand Walter publiera son livre sur Mahler, elle fulminera : « Je suis purement et simplement passée sous silence ! Rien à faire. Ils me détestent toujours, ils détestent que je sois une belle chrétienne impeccable ! » Mais pendant le concert de Munich, elle reçoit avec grâce les hommages et joue pour la première fois le rôle qu'elle va désormais interpréter si souvent, celui de la veuve du grand homme.

Dans le train qui la ramène à Vienne, elle rencontre quelqu'un qu'elle a déjà croisé, Paul Kammerer, biologiste et mélomane. Que croyez-vous qu'il arriva ? Il tombe doublement amoureux. D'Alma et de l'ombre de Mahler.

Il est marié mais trouve un bon moyen pour voir Alma : il la persuade de venir travailler dans son laboratoire. Ce qu'elle fait, non sans intérêt, tout en se laissant adorer. Il la voit tous les jours mais lui écrit également des lettres interminables.

Surtout, il écrit ceci :

« Je sais que chacune de mes rencontres avec Alma Mahler se traduit par un regain d'énergie pour mon travail. Quand je suis avec elle, j'engrange l'énergie dont j'ai besoin pour produire. »

C'est cela le miracle d'Alma. D'autres sont belles, intelligentes et meilleures qu'elle. Mais elle a le don de communiquer du carburant.

Bientôt, il la tutoie, l'appelle « Alma bien-aimée », menace, si elle ne répond pas à sa flamme, de se suicider sur la tombe de Mahler.

Elle lui confie qu'elle songe à se remarier, sans dire avec qui, mais s'interroge sur la capacité de l'homme auquel elle pense de « lui appartenir ».

En janvier 1912, elle rejoint Gropius à Berlin où, soudain, tout lui déplaît. La ville d'abord, mais c'est accessoire; l'attitude de Gropius ensuite. Il a voulu présenter Alma à sa mère et à sa sœur. Or, c'est un fils tendre et attentif, ce qui exaspère la jalouse Alma. Mme Gropius est une grande bourgeoise prussienne dont les manières, le cadre, le ton sont étrangers à Alma. Quant à elle, elle n'entre pas dans ce milieu précédée de l'auréole qui l'entoure à Vienne mais comme une personne exotique suspecte d'avoir tourné la tête au fils de la maison qui a quatre ans de moins qu'elle.

Entre les deux femmes, l'antipathie est immédiate, les étincelles fusent. Parce qu'elle sent qu'on la juge mal, Alma devient blessante. Ainsi s'est-elle conduite autrefois avec les amis de Mahler. Elle prend les choses de haut, déclare qu'elle abhorre « l'esprit étroit » qui règne chez les Gropius; Mme Gropius et sa fille sont glaciales...

A la suite de ce voyage, les lettres d'Alma à Gropius resteront sans réponse jusqu'à ce qu'il lui écrive : « Non, rien ne peut plus être comme avant. Tout est devenu fondamentalement différent. »

Une correspondance lâche mais continue s'ensuivra. Elle est donc seule, dans une situation confuse avec Walter Gropius, quand Karl Moll la fait déjeuner avec un jeune peintre de vingt-quatre ans qui a déjà beaucoup fait parler de lui, Oskar Kokoschka.

Il est grand, plutôt laid avec des yeux bridés qui lui mangent le visage, des oreilles décollées et des mains rouges, mais sa démarche nonchalante a une certaine élégance.

C'est un drôle de garçon. Il assure qu'il a hérité de sa mère et de sa grand-mère le don de double vue. Et c'est vrai. Quand il fait un portrait, il dit : « J'amène à la lumière comme avec un ouvre-boîtes une personnalité souvent enfermée dans la convention. » Et c'est vrai.

Malheureusement, il n'a pas beaucoup de commandes. Sa peinture brutale, violente, fait peur. On est loin, avec lui, des grâces vénéneuses de Klimt.

C'est un fils d'artisan qui a grandi dans les faubourgs de Vienne. Il connaît Shakespeare par cœur, il est violent, indiscipliné, contestataire par nature. A l'École des arts appliqués, la plus progressiste, où il a suivi des cours pour devenir professeur d'arts plastiques, il menace de se suicider, en brandissant le couteau de son grand-père, si on ne lui accorde pas la bourse qu'un professeur veut lui refuser parce qu'il sème la révolte. Un autre professeur le sauvera en déclarant : « Celui-là est né artiste. »

Arrive la grande exposition internationale de l'été 1908, organisée par les Wiener Werkstätten (ateliers d'artisanat) en collaboration avec l'École et le groupe d'artistes qui ont suivi Klimt lorsqu'il y a eu division chez les Sécessionnistes. Cette exposition, dite de la Kunstschau, a lieu dans le cadre des fêtes du jubilé de l'Empereur qui plongent toute la ville dans la liesse.

Le gouvernement a accordé aux artistes de la Kunstschau une subvention de trente mille couronnes et leur a cédé un terrain immense sur lequel Josef Hoffmann a édifié quarante-cinq salles séparées par des terrasses et des jardins.

Klimt expose seize toiles sublimes. Une large contribution d'artistes français modernes – Gauguin, Bonnard, Matisse, Vlaminck, Vuillard, Van Gogh – orne les cimaises. Tout cela est somptueux et on s'y bouscule. Sur l'instance de deux de ses professeurs, Kokoschka a été invité à occuper une petite salle. Un jury, présidé par Klimt, doit décider si le travail montré est digne d'être exposé. Mais Kokoschka ferme la porte de la salle.

« Je n'ouvrirai pas, dit-il, avant qu'on m'assure que mon travail sera montré au public. »

« Laissez ce garçon se faire déchirer par la presse s'il le souhaite ! » dit Klimt. Et il passe.

Kokoschka expose une série de cartons de tapisserie, *Les Porteurs de rêve*, des dessins, un buste de glaise colorée *Le Guerrier*, autoportrait où un cri sort d'une bouche hurlante, d'autres choses encore.

La presse le traite de « sauvage en chef », de « Gauguin devenu fou », la salle Kokoschka est baptisée « chambre des horreurs », mais un collectionneur connu déclare : « Kokoschka est la grande affaire de cette exposition » et achète *Les Porteurs de rêve* ; l'architecte Adolf Loos achète *Le Guerrier*. Il deviendra le meilleur ami du jeune peintre.

L'année suivante, au cours de l'été 1909, une scène est montée en plein air dans le joli jardin de la Kunstschau. S'y donnent des ballets, des concerts.

Kokoschka, qui a écrit une pièce, *Meurtrier, espoir des femmes*, propose de la monter pour une représentation. On lui accorde l'autorisation d'annoncer le spectacle par une affiche. Cette affiche – un homme rouge, couleur de la vie, qui gît dans le sein d'une femme blanche, couleur de la mort – est aujourd'hui un classique. Pas une publication sur Kokoschka, pas un livre sur cette époque qui ne la reproduise, souvent en couverture. C'est le symbole même de ce qu'on appellera l'expressionnisme dans l'une de ses premières manifestations. Le spectacle tourne mal. Le public se fâche. Les comédiens lisent, au nom de l'auteur, un texte provocant qui scandalise, un tumulte s'ensuit, des bagarres.

Loos et Karl Kraus, qui sont présents, appellent le préfet de police qui rétablit l'ordre avec un détachement.

Le lendemain, la presse maltraite Kokoschka. « Artiste dégénéré », « corrupteur de la jeunesse », « fleur de pénitencier »...

« Je voulais simplement faire du théâtre parce que je

n'avais pas assez d'argent pour y aller », explique Kokoschka. A l'instigation du ministre de la Culture, le directeur de l'École des arts plastiques, Alfred Roller – celui qui fut le décorateur de Mahler –, supprime sa bourse. Alors, il se rase le crâne pour être « regardé comme un être marqué par le destin ». Pour manger, il apporte ses dessins au café Central et essaye de les fourguer aux habitués. Il a vingt-deux ans.

Heureusement, Loos est là. L'architecte, de grand renom, a vingt-cinq ans de plus que le peintre. Non seulement il se démène pour lui procurer des commandes de portraits mais il l'introduit dans un milieu intellectuel stimulant, entièrement nouveau pour lui. Loos a pris part à la Sécession lors des débuts du mouvement, mais très vite il est parti en guerre contre l'ornementation, la transformation des maisons et des intérieurs en objets d'art, l'abus d'accessoires, bref l'esthétisme.

De même que son ami Karl Kraus veut purifier la langue de ses prétentions avec tout ce que cela suppose de conséquences sur la pensée, Loos veut purifier l'architecture, l'environnement, la ville, le mobilier et jusqu'aux vêtements au bénéfice de la rationalité.

Kokoschka, lui, se lance avec passion dans « le portrait psychologique », celui où, selon lui, le flux vital transmis par le modèle est capté par la conscience de l'artiste et se retrouve sur la toile. Grâce à Loos, il va devenir un familier de Karl Kraus. Le journaliste dort le jour et travaille la nuit après avoir dîné au café. Kokoschka bénéficie du rare privilège d'appartenir à sa cour, d'être admis à sa table avec quelques élus et de donner son avis sur tel ou tel article de *Die Fackel* paru ou à paraître. Il fait un très beau portrait de Kraus, jeune, vif, l'œil brillant.

Autre croisé du dépouillement : Arnold Schönberg. En 1911, l'audition de l'une de ses pièces atonales suscite une telle émeute qu'il faut appeler une ambulance.

Un très jeune peintre, Egon Schiele, également soutenu par Loos, et protégé par Klimt, participe du même mouvement expressionniste que Kokoschka. A vingt-deux ans, il sera condamné à vingt-quatre jours de prison pour avoir fait des dessins pornographiques d'écolière.

Les jeunes artistes expriment déjà l'agonie de l'esthétisme viennois et s'interrogent sur la fonction sociale de l'art. Mais Vienne leur résiste, comme elle résiste à Freud que seuls les littéraires, singulièrement Hofmannsthal et Schnitzler, ont compris et reçu.

« Il faut dépasser la belle vie qui nous appauvrit, écrit Hofmannsthal. La vie que nous menons à Vienne n'est pas bonne. Intellectuellement, nous vivons comme des cocottes qui ne mangent que des salades françaises et des sorbets. »

Le romancier Robert Musil écrira plus tard : « Le visage autrichien souriait parce qu'il n'avait plus de muscles faciaux... »

En 1911, un groupe de peintres, le Hagenbund, expose. Kokoschka est largement représenté. Soudain, le jour du vernissage, un remous agite les rangs des personnalités officielles, l'héritier du trône paraît, François-Ferdinand.

Il déambule en silence devant les tableaux, les examine un à un, puis se plante au milieu de la salle et crie : « Cochonneries ! » Il fait trois pas et répète : « Cochonneries ! » Et, désignant un tableau de Kokoschka : « Cet homme mérite qu'on lui brise chacun de ses os. »

On annoncera peu après l'interdiction de l'exposition par ordre supérieur de l'héritier du trône. Mais l'Empereur arrêtera ce beau zèle.

Voilà donc qui est ce jeune peintre auquel Karl Moll, à l'instigation d'Adolf Loos, a commandé son portrait et qu'il reçoit à déjeuner avec sa belle-fille dans sa jolie maison de la Hohe Warte décorée par Hartmann.

Les versions qu'Alma et Kokoschka donnent de cette première rencontre ne sont pas tout à fait les mêmes.

Selon Alma, il portait un costume élimé, des chaussures trouées, il a sorti pour tousser un mouchoir taché de sang. Elle raconte qu'il a apporté du papier au grain rugueux pour faire d'elle un dessin, qu'elle a

ALMA MARIA SCHINDLER-MAHLER
SÄMTLICHE LIEDER

OK

UNIVERSAL EDITION NO. 18016

posé un moment puis s'est remise au piano... Et soudain, il l'a étreinte passionnément. Elle est restée de marbre, dit-elle, et s'est aussitôt dégagée. Or, Kokoschka, suivant les recommandations de Loos qui avait pour modèle le gentleman anglais, était élégant. Et si les deux hommes s'habillaient bien, c'est parce que Loos aménageait les magasins des meilleurs tailleurs de Vienne, par exemple le tailleur de la Cour, et que Kokoschka faisait leur portrait en échange de vêtements bien coupés.

Quant à la suite... Si l'on en croit Kokoschka, après le déjeuner Alma l'emmena d'autorité dans une pièce contiguë où se trouvait un piano, et là elle chanta, pour lui seul, lui dit-elle, *La mort d'Isolde*.

« Sa manière d'être me fascinait, raconte-t-il. Elle était jeune, émouvante dans son deuil, elle était belle et tellement solitaire. »

Et il poursuit :

« Lorsqu'elle me proposa de la peindre chez elle, je fus à la fois heureux et accablé. Tout d'abord, je n'avais encore jamais peint de femmes semblant éprouver un coup de foudre pour moi, et d'autre part j'éprouvai une certaine crainte : comment pouvait-on atteindre le bonheur alors qu'un autre venait tout juste de mourir? »

En bref, l'étreinte soudaine, c'est Alma qui l'a provoquée.

Quoi qu'il en soit, le lendemain Kokoschka lui fait porter une lettre, la première d'une longue série, où il lui dit tout à trac :

« Faites-moi le sacrifice de devenir ma femme : en secret tant que je serai pauvre. »

On voit qu'il n'a pas peur, Kokoschka. Sa femme. Simplement. Il la connaît depuis vingt-quatre heures. Et il ajoute :

« Vous veillerez sur moi jusqu'à ce que je sois vraiment celui qui ne vous abaissera pas mais vous élèvera.

« Depuis qu'hier vous m'avez supplié de manière si touchante, je crois en vous comme je n'ai encore cru en personne en dehors de moi-même, etc. »

De quoi l'a-t-elle supplié? De ne pas la violer sur le piano apparemment.

« Je n'aspirais qu'à la paix et à la méditation », écrit Alma à propos de cette période de sa vie, ce qui rend son autobiographie définitivement suspecte.

En fait de méditation, elle se jette dans une liaison intense, qu'elle a cherchée et qu'elle va vivre avec une certaine allure, en transgressant toutes les règles de son temps.

Elle a maintenant trente-deux ans, Kokoschka vingt-cinq. La passion physique va les occuper énormément et longtemps. Quand il ne lui fait pas l'amour, il la peint, il la peint tout le temps. Il est possessif, exigeant, jaloux.

Il habite, en ville, une petite chambre et un atelier dont les murs sont noirs. Là, il la fait poser interminablement.

Parfois, c'est lui qui vient chez elle. Elle habite une maison entourée d'un jardin. Quand il la quitte le soir, tard, il marche de long en large sous ses fenêtres jusqu'à trois ou quatre heures du matin, pour s'assurer qu'elle n'a reçu personne après son départ.

Ils se font des scènes violentes. Ensuite, il revient, penaud, les bras chargés de fleurs qu'il éparpille sur le lit. Elle est sûre du talent, voire du génie de Kokoschka et elle a décidé de lui faciliter la vie matériellement, puisqu'elle a les moyens de le faire, jusqu'à ce qu'il soit pleinement reconnu. Souvent ils voyagent, elle paye le train et l'hôtel. C'est la meilleure Alma, celle pour qui l'art est valeur suprême, le créateur sacré.

L'autre Alma a séparé Oskar de Loos, qui désapprouve cette liaison, sans recréer autour de lui un milieu amical. Il faut dire qu'il est difficile, ce zèbre. Il lui écrit ceci, par exemple :

« Alma, il se trouve que je suis allé jusque chez toi vers dix heures et j'en aurais crié de colère de voir que tu continues à t'entourer de satellites et me laisses dans les marges boueuses (...). Je t'avertis : tu dois décider si tu veux ou non être libérée de moi ou libre en moi. Je t'aurais aimée de façon incroyablement forte. »

Et il signe de leurs deux noms : Alma Oskar Kokoschka, comme pour indiquer qu'ils n'ont qu'une seule identité.

En 1912, Alma fait un voyage à Paris avec une amie, Lili Leiser. Elle a peu d'amitiés féminines et celle-ci est un peu particulière puisque cette femme à la fortune ostentatoire est lesbienne. Mais rien n'indique qu'Alma ait été tentée de ce côté-là.

Oskar lui écrit tous les jours, la supplie de l'épouser : « Ne fais qu'un avec moi pour toujours, sois liée irrévocablement à moi pour l'éternité dans la joie sans fin ! »

S'ils ont tous envie de l'épouser, c'est parce qu'ils l'aiment, certes, mais c'est aussi comme une façon d'exorciser Mahler. La passion dévorante d'Oskar tourne à la dévotion. Sa jalousie à l'obsession. Elle est, aux yeux de son amant, l'incarnation de « l'éternel féminin » selon Goethe. Et quand la dévotion fait cortège au plaisir des sens, elle aime, Alma. Qui n'aimerait ?

Ils passent ensemble quelques semaines à Naples. Époque de bonheur, de plénitude, écrit Alma.

Il semble que là, elle assume complètement sa part féminine, celle qui trouve accomplissement dans l'amour et non dans des réalisations personnelles. Ambitions provisoirement abdiquées, narcissisme comblé par le travail d'Oskar qui la peint inlassablement, engourdie par la volupté, elle est en paix.

Dans toutes les passions, il y a ainsi de courtes haltes où les forces contraires sont en chacun suspendues, où se conjuguent la couleur du ciel, l'humeur des amants, l'équilibre parfait entre le double élan qui porte l'un vers l'autre, et alors c'est l'indicible du bonheur. Mais souvent les femmes vivent ces instants dans la mélancolie parce qu'elles ont peur, peur du moment où ils vont se dissiper. La solide composante virile d'Alma la protège de pareilles craintes. Elle n'est pas de celles qui demandent : « Tu m'aimeras toujours ? » Elle n'en doute pas.

La période italienne, donc, féconde pour Kokoschka, s'achève. Alma doit rentrer, Gucki attend sa mère pour partir avec elle à la mer, en Hollande. Lili Leiser les accompagnera.

A peine Alma est-elle partie, Oskar se lamente.

« Alma, il est impossible que je reste tant de semaines sans te voir. Je ne suis pas habitué à endurer une telle épreuve... »

Que lui écrit-elle? Il répond :

« J'ai le cœur brisé à l'idée que tu aies pu me prendre pour ce genre d'insensé qui t'aurait refusé ce voyage. Aurais-tu tenu les mêmes propos à ton ancien mari? Comment peux-tu te soucier de ce que raconte ce monde juif et libre penseur autour de toi, quand tu sais avec tant de certitude que je ne fais que penser bien? »

« Le monde juif » autour d'Alma devait commencer à trouver sa liaison avec Kokoschka quelque peu accaparante. Les Moll, en revanche, ont adopté le jeune peintre.

Dans le courant de l'été, entre la cour pressante que lui fait Lili Leiser et les supplications de Kokoschka, Alma choisit de céder au second, le retrouve à Munich d'où ils partent en Suisse, à Mürren.

Là, Alma pose pour lui, assise sur le balcon de l'hôtel. Et s'en va précipitamment, laissant à Lili Leiser le soin de ramener Gucki à Vienne.

Elle est enceinte et entre en clinique pour avorter puis, pendant quelques semaines, se plaint d'être mal portante et, sous ce prétexte, tient Oskar à distance. Mais peut-on le tenir à distance? Et le veut-elle? Évidemment non puisqu'elle a décidé de faire construire une maison sur le terrain du Semmering pour y habiter avec lui. Oskar participe aux discussions avec Karl Moll sur les plans de la maison qui sera relativement petite, huit pièces, au cœur d'une campagne superbe. De Vienne au Semmering, on peut faire l'aller et retour en train dans la journée.

Lili Leiser, qui a décidément autant de persévérance que Kokoschka sinon les mêmes arguments, essaye d'acheter un terrain voisin, mais il semble que son entreprise ait échoué.

Là-dessus, Oskar se conduit comme un fou. Pendant qu'Alma fait une cure à Franzensbad, il fouille dans ses papiers, subtilise un certificat de naissance et fait publier des bans en vue de leur mariage. Elle rentre, tempête, l'insulte et le punit : désormais, ils ne se verront qu'une fois tous les trois jours.

On a déjà dit que sa correspondance avec Walter Gropius n'avait pas cessé. Elle ne lui a jamais parlé de Kokoschka, naturellement. Mais quelque chose est peut-être venu aux oreilles de l'architecte? En tout cas, au printemps 1913, Walter Gropius reconnaît Alma dans une toile de Kokoschka, un double portrait d'elle et lui exposé à Berlin. Et cette fois, il rompt par une lettre sans appel. Ce qu'elle prend avec une quasi-indifférence. Elle est engloutie dans sa passion pour Kokoschka.

Elle l'emmène au mois d'août dans les Dolomites où elle se repose, tandis qu'il travaille. Où est l'Alma que nous avons connue, ravagée, ne tenant son journal que pour enregistrer des plaintes? Depuis que sa chair est heureuse grâce à un homme dont le talent l'impressionne, elle est apaisée. « J'ai de nouveau trouvé en moi cette harmonie que je possédais enfant, sans le savoir, écrit-elle. La terre déborde du plus pur bonheur mais les êtres humains ne s'en aperçoivent pas, ils se prennent bien trop au sérieux. (...) Les idées les plus importantes sont enfouies au plus profond de l'inconscient – et la conscience ne peut en découvrir ni en comprendre la genèse. L'inconscient est le feu du monde! »

Voilà qui ferait plaisir au docteur Freud qui, en dépit des bons soins prodigués à Mahler, sera toujours vilipendé par Alma – « C'est un idiot ». Il est vrai qu'il lui a envoyé une note d'honoraires après la mort de son patient d'un jour.

Alma, donc, va bien et se laisse aimer. C'est Kokoschka qui ne va pas, conscient qu'il est de son état de dépendance. Il essaye de prendre du champ. Ce n'est que l'une des occasions où ils se séparent pour mieux se retrouver.

Mais la mère d'Oskar entre en scène.

Elle hait Alma, cette « femme du monde » qui, selon elle, est en train de briser l'avenir de son fils. Et elle lui écrit, froidement : « Si vous revoyez Oskar, je vous abattrai d'un coup de revolver. »

Ça n'aurait pas été le genre de Mme Gropius. Mais les deux femmes ont cette même implacable divination des mères à propos des femmes qui font souffrir leur fils. Le fait est qu'Alma n'a pas précisément le profil de la bru idéale.

Un matin, Mme Kokoschka est devant la porte d'Alma qui l'observe par sa croisée entrouverte. Oskar la surprend, faisant les cent pas en agitant de façon suspecte la poche de son manteau où se trouve apparemment une arme. Mais ce n'est rien. Un bout de bois. Il l'emmène. Et retourne à ses chaînes.

Au Festival de Vienne de 1912, Bruno Walter dirige, en première mondiale, la *Neuvième Symphonie* de Mahler. Alma assiste à la représentation bien sûr. Elle a demandé à Kokoschka d'être dans la salle. Il supporte très mal cette cérémonie.

« Alma, comment pourrais-je trouver la paix avec toi tant que je saurai qu'il y en a un autre dans ton cœur, qu'il soit mort ou vivant? Pourquoi m'avoir invité à cette danse de la mort et demandé de garder les yeux rivés sur toi pendant des heures tandis que tu écoutais comme une esclave spirituelle les rythmes créés par l'homme qui était un étranger pour toi? Tu ne me permets pas de te voir tous les jours parce que tu tiens à conserver vivant le souvenir de cet homme qui est si loin de moi.

« Tu dois entamer une vie entièrement nouvelle avec moi, une nouvelle enfance si tu veux que nous soyons pour toujours heureux ensemble... »

Mais Alma n'a nullement l'intention d'évacuer le fantôme de Mahler. Il est clair qu'elle joue au contraire de ce passé pour se rendre plus précieuse encore. Quelle jalousie plus ravageuse que celle qui s'exerce à l'endroit d'un mort?

Oskar multiplie les lettres. Gémit. Supplie.

« Tu dois devenir ma femme sans tarder davantage ou bien mon grand talent va disparaître misérablement. Tu dois me faire revivre la nuit comme une potion magique... Dans la journée, je n'ai pas besoin de t'arracher à tes compagnons, je peux travailler toute la journée, dépensant ce que j'aurai accumulé la nuit... »

Toujours cette image : l'énergie que l'on accumule auprès d'elle.

« Alma, crois-moi. Tu es la Femme et je suis l'Artiste.

J'ai pu juger à quel point tu peux me rendre fort et ce que je vaudrai lorsque cette force sera en perpétuelle activité. Tu rends la vie à des inutiles et moi, celui à qui tu es destinée, je devrais rester frustré? »

Alors, Alma a une bonne réaction. « Je t'épouserai, lui dit-elle, quand tu auras produit un chef-d'œuvre. »

Le beau est qu'il le fit, ce chef-d'œuvre. La toile, qui est aujourd'hui au musée de Bâle, s'appelle *La Fiancée du vent*. Il représente un couple allongé dans une nacelle. La femme, cheveux dénoués, a la tête posée sur l'épaule de l'homme. La femme, paisible, c'est Alma. L'homme, au regard angoissé, c'est le peintre.

Pendant qu'il travaille à cette toile, Alma entretient cette idée de troc – un mariage contre un chef-d'œuvre. Mais au début de 1914, elle fait de nouveau un voyage à Paris, elle a un peu la bougeotte, elle l'aura toujours, et Oskar s'agite : « Si tu désires réellement devenir ma femme, lui écrit-il, il faut que tu prennes un peu l'habitude de me suivre! Alma, s'il te plaît, ne m'envoie pas d'argent. Tu sais que je n'ai aucun goût de luxe. »

Elle lui envoie un cadeau, cependant, qu'il reçoit sans plaisir. « Notre ciel est le même, lui dit-il, mais nos mondes sont différents. »

La Fiancée du vent, datée de 1914, est achevée en même temps que la maison du Semmering où le couple a décidé de s'installer.

Encore une fois, Alma est enceinte, mais cette fois heureuse de l'être, semble-t-il. Kokoschka, fou de joie, y voit la promesse de leur prochain mariage. Tandis que tout le monde s'affaire dans la maison, Anna Moll, les servantes, pour mettre la dernière main à l'installation, accrocher les rideaux, classer les livres, ranger la cuisine, lui peint, au-dessus de la cheminée de la salle de séjour, une fresque représentant Alma immolée par le feu et s'élevant vers le paradis tandis que le peintre reste en enfer cerné par les serpents.

Soudain, au cœur de ce bonheur domestique, un paquet arrive par la poste : c'est le masque mortuaire de Mahler. Alors Kokoschka se met à hurler. A hurler qu'il ne veut rien, dans la maison, qui évoque en permanence le passé d'Alma. Imperturbable, elle place le masque en bonne place. Il s'insurge. Elle persiste. Il dit des choses horribles. Elle en dit d'autres. Comment se font les scènes? Celle-là les secoue jusqu'au fond. Quelques jours après, Alma entre en clinique pour avorter; Kokoschka sort de ces événements meurtri de toutes les manières.

« Ainsi, cela aussi est terminé, écrit Alma le 17 mai 1914. Quelque chose que je croyais pouvoir durer. »

Leurs rapports deviennent cahotiques, tendus, amers, sans qu'ils parviennent à rompre cependant, lorsque éclate, le 22 juin, une nouvelle fâcheuse : l'archiduc Ferdinand et son épouse ont été assassinés à Sarajevo.

On ne peut pas dire qu'Alma ait eu la moindre appréhension de ce que contenait cette information. Ni même qu'elle s'en soit préoccupée. En règle générale, elle ignore superbement le monde extérieur.

Le jour même de la déclaration de guerre de l'Autriche à la Serbie, elle se trouve chez elle, au Semmering, et écrit dans son journal : « (Je me sens) parfaitement tranquille et en paix ici, la chose que je désire le plus... Il a rempli ma vie, il l'a détruite – les deux en même temps. Je ne sais pas en quoi je me suis trompée. Pourquoi, oh! pourquoi ai-je quitté la quiétude de la foule pour une fournaise ardente? Est-ce que j'aime toujours cet homme? Ou est-ce que je le déteste déjà? Pourquoi suis-je aussi troublée? »

Et lorsqu'elle apprend, par la radio, que la guerre est déclarée, elle a cette phrase extraordinaire : « Je m'imagine parfois que c'est moi qui ai déclenché tous ces événements... »

Kokoschka, lui, au travail dans son atelier, a entendu les crieurs de journaux annoncer une édition spéciale. Il est descendu au café pour s'informer. Son premier mouvement a été de se dire : « J'ai vingt-huit ans, pourquoi attendre d'être appelé? Je vais m'engager. » Mais il ne le fera pas avant janvier.

D'ici là, ses rapports avec Alma ne vont cesser de se délabrer. Elle en a assez, c'est clair. Elle lui envoie de l'argent parce qu'elle le sait démuni, et cela l'irrite. Il veut à tout prix qu'elle mette ses papiers en règle pour pouvoir se réfugier en Suisse, ce dont elle n'a nullement l'intention.

Elle doit encore y tenir, cependant, à Kokoschka puisque, lorsqu'ils sont à Vienne, le peintre passe la nuit chez elle et que le reste du temps ils vivent ensemble au Semmering. Mais, pour Alma, le temps de l'amour est passé où l'Autre emplit le monde.

Quelques jours après son trente-cinquième anniversaire, en août 1914, elle note : « Je voudrais me libérer d'Oskar. Il ne cadre plus avec ma vie. Il me fait perdre mon énergie (...) ... Il faut que nous en finissions. Mais il me plaît toujours tellement – trop encore ! »

Suivent quelques considérations sur la musique. « Mais je sais maintenant que je ne chanterai plus que dans la mort. Alors, je ne serai plus l'esclave d'aucun homme car je ne viserai que mon propre bien-être et la réalisation de moi-même. »

Voici la « réalisation » qui revient, lancinante, comme toujours quand elle est en crise. Pendant trois ans, il n'en a pas été question.

Un peu plus tard :

« Je veux trouver un autre homme, un homme qui me serve en ceci qu'il disparaîtra, s'en ira avant que tout aille à vau-l'eau. Hier soir, j'ai fui Oskar. »

C'est-à-dire qu'en compagnie de Lili Leiser, elle a été passer la soirée chez un collectionneur, Karl Reininghaus. Là, elle a rencontré des amis, Klimt, un archéologue... « Nous avons bavardé jusqu'à trois heures du matin. J'étais vraiment heureuse. Après l'isolement avec Oskar de ces dernières années, cette soirée a été comme une cure pour moi. » Classique quand on émerge... Désormais, elle sera rarement seule.

Comme à l'accoutumée, les soupirants ne lui manquent pas. L'insupportable Hans Pfitzner, d'abord, qui arrive à Vienne pour travailler à son opéra, *Palestrina*. Il s'impose chez elle avec ses bagages. Tempête en voyant son portrait peint par Kokoschka, qu'il trouve hideux. L'enlace sur un sofa... Mais elle rit, et il reste penaud, en la traitant d'allumeuse. Ce qu'elle est sans aucun doute.

Il continuera de fréquenter la maison mais à l'avenir se tiendra tranquille.

Kokoschka, lui, ne désarme pas. Et Alma ne se résout ni à le perdre, ni à le garder. Ils passent ensemble le réveillon du Nouvel An et Oskar lui écrit :

« La manière dont tu m'as de nouveau conduit dans ton lit est incomparable, d'une inoubliable beauté. »

Mais en même temps, elle le pousse à devancer l'appel et, tout à coup, Oskar n'en peut plus, il s'engage. L'infanterie le repousse : constitution trop faible. L'artillerie le repousse : mathématiques trop faibles. Enfin Loos, toujours lui, réussit à le faire entrer dans la cavalerie, l'une des armes les plus prestigieuses de la monarchie. Loos n'est pas fâché de le séparer d'Alma dont il a supporté l'hostilité durant toutes ces années.

Mais un cavalier doit se présenter avec son cheval. L'argent nécessaire, Oskar le trouve en vendant *La Fiancée du vent* à un pharmacien de Hambourg. Puis sa mère et Loos se rendent ensemble chez un marchand de chevaux et font l'acquisition d'une jument. Reste l'uniforme. Il sera coupé par l'un des tailleurs qui aiment la peinture.

Enfin Oskar s'en va, après qu'Alma lui a fait des adieux distraits, et, au moment de partir, il donne à sa mère un collier de perles rouges. Il s'agit d'un cadeau d'Alma qu'il la prie de conserver en souvenir de son amour.

A quoi pense-t-elle alors que son amant part à la guerre – et pas n'importe laquelle, les morts sont déjà légion ? A remettre la main sur Walter Gropius.

En janvier, elle a appris que Gropius, mobilisé dès le premier jour, a été blessé. Elle lui a écrit. Il a répondu. Et elle note, à la date du 2 février 1915 :

« J'ai le sentiment qu'il (Gropius) ne m'aime plus. Il me voit comme une autre femme. J'aurais dû faire beaucoup de choses afin de me préparer à être disponible à ses yeux. (...) Cet Allemand ne finira pas en m'étant infidèle comme Oskar Kokoschka. »

Et elle achève par ces mots :

« Je ne mettrai pas longtemps à le vaincre. »

Et le fait est...

Accompagnée de Lili Leiser, elle arrive à Berlin où les choses sont d'abord un peu plus difficiles qu'elle n'a pensé. Elle rapporte ainsi son entreprise de reconquête :

« J'étais venue à Berlin avec l'intention perverse de renouer avec ce bourgeois fils des muses. »

Les jours passent « en interrogatoires larmoyants, les nuits en réponses noyées de pleurs. Walter Gropius ne parvient pas à voir au-delà de ma liaison avec Oskar Kokoschka. »

Mais le dernier soir, ils sont au restaurant, ils ont un peu bu, ils sont tristes à l'idée de se séparer. Avant de rejoindre le front, Gropius doit prendre le train pour aller voir sa mère, dans le Hanovre. Alma l'accompagne à la gare. Et là, il l'enlace de telle sorte que, lorsque le train démarre, elle est obligée de monter dedans.

« Sans une chemise de nuit, sans même le plus strict nécessaire, j'étais devenue le butin de cet homme. J'avoue que cela m'a bien plu. »

Le lendemain, elle revient à Berlin où Lili Leiser l'attend, espérant toujours de l'un de ces voyages en commun la nuit où Alma sera tentée de goûter à des délices plus subtiles qu'une étreinte masculine. Ensemble, elles vont voir Schönberg qui habite maintenant la banlieue de Berlin. Le jeune homme est dans le plus grand dénuement.

Alma a promis à Mahler de ne pas l'abandonner. En règle générale, elle sera toujours active et généreuse quand il s'agira d'aider les jeunes musiciens. C'est elle qui a fait imprimer *Wozzeck*, d'Alban Berg, que celui-ci lui a dédié. Elle a fait obtenir à Schönberg le prix décerné par la fondation Gustav Mahler. Cette fois, elle lui propose d'organiser un concert à Vienne, où il dirigerait la *Neuvième Symphonie* de Beethoven dans l'orchestration de Mahler.

Le concert aura lieu. Devant une salle quasi vide.

Schönberg touchera son cachet, Alma paiera le déficit.

Avant de quitter Berlin, elle revoit Gropius, très beau dans son uniforme de lieutenant. « Il avait soudain les manières d'un mari, il employait tous les moyens pour me convaincre de l'épouser et je tremble encore à l'idée que cela pourrait arriver », écrit-elle en rentrant de voyage.

Que veut-elle donc? Elle a décidé qu'elle ne mettrait pas longtemps à « vaincre cet Allemand », elle l'a replacé sous son empire, et c'est pure jouissance. Mais elle ne l'aime pas, elle ne l'aime plus si elle l'a jamais aimé. Elle le veut, parce qu'il est tellement aryen, mais sa dimension lui échappe.

Commentant dans son journal une lettre que Gropius lui envoie du front, où celui-ci exprime une fois de plus sa jalousie à l'égard de Kokoschka, elle note : « Oskar a le droit de dire n'importe quoi mais pas cet homme, ce petit homme ordinaire! » Un homme ordinaire, Walter Gropius? Elle sait bien que non. Mais s'agissant d'art, ils ne parlent pas le même langage. Quand elle lui dit la beauté des gratte-ciel de New York, ça ne l'intéresse pas. Et quand il lui explique qu'il faut en finir avec l'art pour l'art, enraciner de nouveau l'architecture et la création artistique dans la réalité sociale, il lui parle chinois.

Elle est une femme viennoise de son temps, sourde aux grondements du monde. Il est un homme de demain.

Avec ses deux amants sous les armes, la voilà seule. Elle se remet à la composition, remanie quatre lieder, mais l'éditeur de Mahler ne s'y intéresse pas et elle se décourage. Peut-être, à ce moment de sa vie, a-t-elle manqué d'un Zemlinsky pour la faire travailler, la stimuler, lui rendre confiance dans ses capacités et alors elle aurait retrouvé en elle la force de créer, l'acharnement nécessaire... Au lieu de quoi, elle va faire une cure à Franzensbad, répond aux lettres qu'Oskar et Gropius lui envoient de leurs cantonnements respectifs.

« Je t'aime et je te tiens, sais-tu, qui que tu sois et où que tu sois », écrit Kokoschka. Ce n'est pas le style de

Gropius. Mais il est plus convaincant : le 18 août 1915, le lieutenant Walter Gropius obtient deux jours de permission pour épouser, à Berlin, Alma Schindler veuve Mahler, et il retourne au front. Le mariage restera d'abord secret. Mme Gropius, qui le redoutait, n'en a pas été informée.

Étrange union. Elle a trente-six ans, lui trente et un, et ils n'ont, au fond, rien en commun.

Le 19 août, elle écrit :

« Je me suis mariée hier. J'ai touché terre. Plus rien ne me détournera du chemin choisi : claire et pure est ma volonté et je ne souhaite rien d'autre que de rendre heureux cet homme si noble! Je suis satisfaite et en paix, excitée et heureuse comme jamais auparavant. Dieu préserve mon amour! » Dieu y perdra son latin.

Elle voit peu son mari, qui a de rares permissions, mais savoure son nouveau statut d'épouse et se réjouit bientôt d'être enceinte. C'est la septième fois. Et la nouvelle va transformer ses relations avec sa belle-mère.

Celle-ci arrive, au Semmering, tout attendrie et la voit soudain sous un tout autre jour. Elle est celle qui porte un enfant de son fils. Alma, qui habite ce nouveau rôle avec délectation, est exquise, au mieux de sa séduction. De part et d'autre, on a déposé les couteaux. Mme Gropius écrit à son fils :

« J'admire la manière dont Alma a réussi à rester si simple et à garder son âme d'enfant, en dépit de la vie qu'elle mène. Je ne puis juger de sa maturité ni de son intelligence parce qu'elle n'en fait pas étalage, et c'est ce que j'apprécie le plus en elle. »

De toutes les conquêtes d'Alma, celle-ci est peut-être la plus remarquable!

Voilà que la presse annonce la mort de Kokoschka sur le champ de bataille. La réaction d'Alma? Elle bondit à l'atelier du peintre dont elle a gardé la clef, et récupère ses lettres. Accessoirement, elle emporte quelques centaines de dessins et d'esquisses.

Or, Kokoschka n'est pas mort du tout. Il a été laissé pour tel après une rencontre avec une patrouille de cosaques où il a reçu une balle dans la tête et un coup de baïonnette dans un poumon. Mais il est dans un hôpital, à Vienne. Où il apprend le mariage d'Alma.

Alors, il supplie. Il supplie son vieil ami Loos d'aller chez Alma et de la persuader de venir le voir. Loos n'a sûrement pas aimé faire cette démarche, mais Kokoschka est entre la vie et la mort.

Alma oppose à sa demande un refus hautain, sans appel, digne de cette philosophie nietzschéenne que lui a inculquée Burckhard et qui lui convient si bien : « Celui qui a besoin d'aide ne mérite pas d'en recevoir. »

Kokoschka se rétablit, sort de l'hôpital, se rend directement chez sa mère, lui demande le collier rouge qu'il lui a confié. Mme Kokoschka saisit un pot de fleurs, le laisse tomber et dégage le collier des tessons de verre. Kokoschka y voit un message : Alma lui a échappé.

Il repart.

Deuxième blessure, en Hongrie cette fois, où il saute avec un pont. Il se retrouve en traitement à Vienne.

Alors, dans une salle de concert, Loos aperçoit Alma et l'interpelle. Qu'est-ce qu'elle attend pour aller voir Oskar ? D'ailleurs sans elle il est perdu. Il ne travaille plus. Il ne peut plus travailler. Question de devoir.

Mais les devoirs envers les créateurs qui ont la faiblesse de l'aimer, Alma en a par-dessus la tête. Dans son journal, elle écrit : « Oskar Kokoschka est devenu pour moi une ombre étrangère. Il ne m'intéresse plus en rien. Et pourtant, je l'ai aimé ! »

Et lui, donc !

Jusqu'à la fin de sa vie, il se manifestera mystérieusement. Il lui écrit, lui télégraphie, lui envoie des fleurs, une invitation pour sa pièce, *Orphée et Eurydice*, qui est montée à Francfort. Un jour, il l'aperçoit à Venise où il expose à la Biennale de 1922 et lui donne rendez-vous le lendemain matin au café Florian. Mais il n'y va pas. Il lui envoie des messages sibyllins, des cartes postales impératives.

« Je pris plaisir pendant quelques années, écrit-il, ce

qui n'est peut-être pas excusable, à fouiller dans les cendres d'une douleur éteinte... »

La plus spectaculaire de ses manifestations a lieu à Dresde. Depuis longtemps, il ne veut plus vivre dans la même ville qu'Alma et travaille en Allemagne. Là, il habite un appartement dans un pavillon. Il a commandé à une artisane une poupée de taille humaine, en tissu et laine de bois, reproduisant fidèlement le corps et l'image d'Alma et il a veillé avec un soin extrême à l'exactitude des détails. En attendant la livraison de la poupée, il a acheté de la lingerie parisienne et quelques robes appropriées pour la revêtir. Enfin, deux hommes se présentent portant une grande caisse. La poupée s'y trouve, couchée dans la sciure. Quand le domestique de Kokoschka l'aperçoit, il a une crise d'apoplexie. Une fois remis, il demandera son congé.

Avec une servante, Reserl, Kokoschka habille la poupée qu'il baptise « La femme silencieuse ». Puis Reserl est chargée de répandre des rumeurs en ville sur le charme, l'origine mystérieuse de « La femme silencieuse », racontant qu'Oskar loue un fiacre pour lui faire prendre l'air les jours de soleil, et une loge à l'Opéra pour l'exhiber.

Vient le moment de mettre fin à l'existence de cette étrange compagne.

Kokoschka lance des invitations, commande un orchestre de chambre à l'Opéra, qu'il installe dans le bassin de la fontaine baroque du jardin. On allume des torches, le vin coule à flots, la nuit est chaude, les convives sont fascinés par « La femme silencieuse » que Reserl fait défiler comme un mannequin.

De la beuverie, l'affaire tourne à l'orgie. L'effigie d'Alma, arrosée de vin rouge, va y perdre la tête.

Le lendemain, la police vient réclamer le cadavre. Alors Kokoschka montre la poupée étendue dans le jardin, comme inondée de sang, décapitée.

« Le service de nettoyage enleva dans le matin gris le rêve du retour d'Eurydice », conclut Kokoschka.

La dernière lettre qu'il écrira à Alma, elle la recevra

le jour anniversaire de ses soixante-dix ans, à New York.

Il est célèbre maintenant. Il vit en Suisse, il a d'abord émigré à Londres quand il s'est senti par trop menacé par les nazis qui ont exposé ses toiles dans le cadre de « l'art dégénéré ». Il a commencé par répondre avec une affiche collée dans les rues de Prague, demandant que l'on reçoive en Bohême les enfants victimes de Guernica. La radio allemande l'a aussitôt menacé : « Si nous venons à Prague, tu seras pendu au premier lampadaire. » Il ne les a pas attendus, il est parti, avec une épouse, grâce à un passeport que lui a donné Jan Masaryk. Il a subi tous les bombardements de Londres.

Donc, après toutes ces années si lourdes, il prend encore une fois la plume pour écrire à Alma et commence ainsi :

« Ma chère Alma, tu es toujours aussi sale gosse, exactement comme la première fois où tu t'es laissé emporter par *Tristan et Yseult* et où tu t'es servie d'une plume d'oie pour gribouiller sur ton carnet des commentaires de Nietzsche de cette écriture rapide et illisible que je ne peux déchiffrer que parce que je connais ton rythme. »

Il lui demande de trouver un poète américain « qui connaisse toute l'échelle des émotions, de la tendresse à la sensualité la plus vicieuse », pour traduire sa pièce, *Orphée et Eurydice*, afin « que nous puissions proclamer à la face du monde ce que nous avons fait ensemble et ce que nous nous sommes mutuellement fait, et transmettre notre message vivant d'amour à la postérité. Il n'y a rien eu de semblable depuis le Moyen Age, car aucun couple n'a jamais aussi passionnément respiré l'un par l'autre ».

Il poursuit sur ce mode et ajoute : « Nous nous trouverons encore sur le théâtre de la vie, toi et moi, lorsque l'écœurante banalité, vestige trivial du monde contemporain, cédera la place à une splendeur née dans la passion. Regarde donc ces visages prosaïques et moroses, autour de toi, il n'en est pas un qui a connu l'excitation de jouer avec la vie, de jouir même de la mort, de sourire à la balle qui s'enfonce dans ton crâne, de la lame qui plonge dans ton poumon. Personne si ce n'est l'amant que tu as autrefois initié à tes mystères. Souviens-toi que cette pièce est le seul enfant que nous ayons. Prends soin de toi-même et tâche d'avoir un anniversaire sans gueule de bois. »

Inoubliable Alma...

9

En septembre 1916, la guerre des tranchées, atroce, a fait des milliers de morts à Verdun. L'Allemagne est cruellement blessée. Walter Gropius, officier de cavalerie, est en première ligne. Mais de tout cela, il n'est pas question dans le journal d'Alma.

Avec cette admirable capacité qu'ont les femmes de renaître différentes à chaque homme nouveau, elle joue maintenant les jeunes épousées enceintes et bourgeoises, à l'abri dans sa maison du Semmering où, une fois n'est pas coutume, elle ne fréquente plus que des femmes, Mme Ceci et Mme Cela. Elle écrit quelques sottises bien senties telles que :

« Les juifs nous ont donné l'esprit mais ont dévoré notre cœur. » Ou encore : « Chaque homme est le pasteur de sa propre Église. La femme est son ouaille, celle qui doit prier dans cette Église. » Ça lui va bien !

Enfin, le 5 octobre 1916, une petite fille vient au monde qui sera immédiatement irrésistible. Alma l'appelle Manon, comme sa belle-mère.

Gropius est absent : les permissions sont suspendues. Mais il lui fait parvenir un cadeau, une toile d'Edvard Munch, *Le Soleil de minuit*, dont il sait qu'elle a envie. La toile se trouvait entre les mains d'un collectionneur de leurs amis, Karl Reininghaus. Gropius l'a prié de la lui vendre. Quand il a su pourquoi, Reininghaus l'a donnée.

Femme de soldat, ce n'est décidément pas la vocation d'Alma. Ce mari lointain glisse lentement de son cœur.

« Je suis rassasiée de cette existence provisoire, écrit-elle... Parfois je me sens possédée du désir de faire quelque chose de mal... Il y a tant de péchés qui mériteraient d'être accomplis! Ah! rien qu'un peu de mal! Mon amour pour Walter Gropius a fait place à un sentiment conjugal obscur et tiède. On ne saurait mener un mariage à distance. »

Dès ses relevailles, elle reforme le cercle de ses amis, les Alban Berg, les Schönberg, Klimt... Son « salon », ses dimanches, à Vienne ou au Semmering, s'élargissent aux écrivains qu'elle cherche à attirer dans son orbite. Arthur Schnitzler et Hofmannsthal viennent quelquefois. C'est chez Alma qu'Olga Schnitzler se réfugiera quand elle quittera son mari.

Introduit par l'éditeur Jakob Hegner auquel elle a commandé dix exemplaires de *Tête d'Or* de Claudel, et qui a voulu voir la tête d'une telle cliente, paraît un jeune poète, Franz Blei. Insupportable et captivant, il tient Gropius sous son charme un soir où celui-ci est en permission. Alma s'est manifestement demandé si elle allait céder à ce charme, mais non. Le sort tombe sur un autre poète que Blei présente à Alma.

Il se nomme Franz Werfel. Il a vingt-sept ans. Son entrée dans la vie des Gropius va se faire sur le mode du vaudeville.

En Europe centrale et au-delà, Franz Werfel a joui, de son vivant, d'une solide réputation. En qualité de romancier, il a été comparé, on l'a dit, à Thomas Mann.

Quand Blei le présente à Alma, son œuvre poétique, *Der Weltfreund*, chant à la gloire de la fraternité, a fait de lui le chef de file de la génération expressionniste. Il en donne des lectures publiques, ainsi que de grands auteurs lyriques allemands, avec un sens évident du théâtre.

C'est un Viennois typique, bien qu'il soit né à Prague où son père possède une grosse fabrique de gants. Nonchalant, jouisseur, bavard, il vit au café, fume à la chaîne, abuse du vin, aime les femmes, la musique, l'opéra surtout, et plus généralement les plaisirs de la vie.

Mobilisé en 1914 comme sous-officier d'artillerie, il s'est blessé pendant une permission en sautant d'un funiculaire. Traduit en conseil de guerre pour mutilation volontaire, il a été envoyé sur le front russe. Grâce à l'intervention non sollicitée d'un membre de l'aristocratie, le comte Harry Kessler, qui admire sa poésie – toujours la *Protektion* –, il est revenu pour être affecté au service de presse de l'Armée, à Vienne. Situation de tout repos. Il habite à l'hôtel Bristol et dispose de nombreux loisirs.

Quoi d'autre? Il est social-démocrate – ce qu'Alma jugera détestable. Il dit parfois : « Comment puis-je être heureux pendant que quelqu'un souffre quelque part? », « propos que j'ai déjà entendu textuellement dans la bouche d'un autre égocentrique, Gustav Mahler », note Alma.

In cauda venenum, il est juif, hélas!

Mais il est aussi « un homme trapu aux lèvres sensuelles, aux grands yeux bleus admirables, au front goethéen ». Du moins le décrit-elle ainsi. Cet homme « trapu » plus petit qu'elle a de nouveau le profil paternel. D'autres trouvent Franz Werfel laid, avec une fâcheuse propension à épaissir, mais plein de charme.

C'est un causeur brillant et intarissable. Il connaît l'œuvre de Verdi par cœur et la chante, pour un oui ou pour un non, d'une belle voix de ténor; il apprécie la musique de Mahler... Tel est Franz Werfel.

Bientôt, il devient un familier de la maison. Un soir de novembre, où Gropius est en permission, Alma passe « des instants merveilleux, une nuit exquise... Werfel, Blei, Gropius... »

Ils ont fait de la musique, ils ont chanté, « et nous étions si exaltés par cette communion spirituelle que nous en oubliâmes tout autour de nous, dans une sorte d'adultère mystico-musical, sous les yeux de mon mari. Franz Werfel est un merveilleux prodige ».

Une tempête de neige empêche les visiteurs de partir. On leur arrange deux lits de fortune. « Ce fut en éprouvant les sentiments les plus contradictoires que je me retirai avec mon mari dans ma chambre à coucher. Ivre de musique, je m'endormis au côté d'un homme qui m'était devenu indifférent. »

A partir de là, elle va très mal se conduire avec son jeune mari.

Franz, elle le veut, elle l'aura. Il est déjà embobiné, sans soupçonner d'ailleurs ce dans quoi il s'engage.

A la fin de l'année 1917, le fameux chef hollandais, Willem Mengelberg, qui a tant soutenu Mahler, vient à Vienne donner une série de concerts. Alma offre un souper pour les Mengelberg puis ouvre ses portes à soixante-dix invités pour une réception où quelques noms de l'aristocratie se mêlent à ceux des artistes. Mais elle n'a d'yeux que pour Franz. Trois jours après, à la suite d'un autre concert Mengelberg auquel ils assistent ensemble, Franz la raccompagne chez elle. Et se retrouve dans sa chambre à coucher. Les préliminaires auront, en somme, duré trois mois. C'est long, pour Alma.

« Je suis en pleine démence, écrit-elle, Werfel aussi. Si j'étais de vingt ans plus jeune, je quitterais tout pour partir avec lui. Mais je ne pourrai que le suivre du regard, le cœur déchiré, lorsqu'il poursuivra sa route d'élu des dieux. »

L'élu des dieux a dix ans de moins qu'elle, croit avoir une aventure plaisante avec une femme mariée, et il faut être Alma pour discerner en ce jeune homme plus qu'un joli talent. Mais il va très vite apprendre à qui il a affaire. Elle vient le retrouver tous les jours dans sa chambre, au Bristol, et après l'amour, elle le met au travail, ce devant quoi Franz renâcle toujours. Jusqu'à ce qu'il soit envoyé en Suisse pour y donner des conférences dans le cadre de la propagande autrichienne.

Or Franz Werfel est pacifiste. Comme son amie Berta Zuckerkandl qui, à cette époque, manigance des conversations secrètes en vue d'une paix séparée entre l'Autriche et la France, conversations auxquelles Clemenceau, arrivant au pouvoir, donnera un coup d'arrêt.

A Zurich, devant un auditoire de jeunes travailleurs, Franz Werfel tient des propos qui font scandale dans la communauté autrichienne. Vienne annule sa mission mais il persévère! Après Zurich, il parle à Berne puis à Davos. « Un succès grandiose! » déclare Berta.

La *Protektion* devait être forte. Werfel est simplement rappelé à Vienne.

Il tremble d'avoir été oublié par Alma. Mais il y a peu de chances : encore une fois, elle est enceinte. De Werfel. En tout cas, elle le lui dit. On a vu que, comme toutes les femmes de son temps, elle pratiquait aisément l'avortement. Mais cette fois, elle n'y songe pas.

Son mari se trouve dans une zone trop éloignée de Vienne pour pouvoir y venir en permission. Alors, elle lui donne rendez-vous à Berlin. Pour lui annoncer qu'ils vont avoir un second enfant.

Qui est le père en vérité? Elle n'en sait rien. Ce sont des choses qui arrivent mais qui créent rarement des situations simples. En attendant que la sienne se complique singulièrement, Alma se retire au Semmering avec ses deux filles. Franz vient la voir quand ses obligations militaires le lui permettent.

La fille aînée d'Alma, Gucki, est maintenant une adolescente qui refuse son surnom et supplie qu'on l'appelle par son nom, Anna. Elle a toujours son extraordinaire regard bleu dans un petit visage triste. Apparemment, elle s'est accommodée des amants successifs de sa mère et s'est bien entendue avec Kokoschka, qu'elle regardait peindre, Gropius qu'elle voit peu, Werfel dont elle sait qu'il ne faut pas le déranger lorsqu'il travaille. Elle est bonne musicienne, déjà, et joue à quatre mains avec Alma. C'est une émouvante petite créature imprégnée du souvenir de son père, écrasée par la personnalité de sa mère. Elle est charmante avec sa toute petite sœur, Manon, et aide du mieux qu'elle peut en allant, par exemple, cueillir dans la forêt les champignons qui constituent l'essentiel de la nourriture de la famille. Car la vie matérielle est devenue difficile, avec la prolongation de la guerre. En se mariant, Alma a perdu le bénéfice de sa pension de veuve, l'inflation ronge les revenus de l'œuvre de Mahler, la nourriture est rationnée, les paysans de la région gardent leurs produits pour les résidents qu'ils ont connus avant la guerre, le beurre est rare, la viande inexistante. Mais Alma n'est jamais débordée par les questions pratiques et le Semmering reste une maison accueillante.

Un jour où Franz Werfel s'apprête à partir rejoindre Alma, il aperçoit Gropius, qui a réussi à obtenir une permission pour venir voir sa femme, et, tout de même, il s'abstient de l'accompagner.

En juillet, il prend le train pour passer le samedi et le dimanche avec Alma qui est maintenant enceinte de sept mois. On l'installe dans la pièce contiguë à la chambre d'Alma. « Je ne me suis pas dominé, nous nous aimions, je ne l'ai pas ménagée. Au matin, je regagnai ma chambre », dira Franz.

Quand la servante le réveille, c'est pour lui annoncer que Madame a une hémorragie et qu'il faut aller chercher un médecin au village, vite. Il part en courant, se perd, s'enfonce dans un marécage, retrouve sa route, fait en chemin deux vœux : rester toujours fidèle à Alma et cesser de fumer, si Dieu arrange tout.

Enfin, il met la main sur un médecin, l'emmène, rencontre en chemin Gucki qui a manifestement plus de sang-froid et qui descend au village pour téléphoner à un médecin de Vienne. Retour à la maison.

Werfel se sent misérable, inutile. A midi Alma le fait appeler. Il entre dans sa chambre et « sa beauté sublime m'arracha presque des larmes... Tout ce qu'elle dit la fait paraître meilleure et plus tendre encore. C'est une nature d'élite. Alma est la perfection même... Je lui parle de ma culpabilité dans ce malheur. Elle me répond : " C'est autant la mienne... et puis coupable... être coupable ? Je ne connais pas ça. "

« C'est une visionnaire, géniale et instinctive. Elle est du très petit nombre des magiciennes vivantes. Elle vit au sein d'une claire magie dans laquelle il y a une volonté destructrice, un désir de domination... Le regard d'Alma reste instinctivement fixé sur moi. Elle a entrepris d'assurer à la fois ma défense et mon accusation.

« Elle voit clair sans hésitation, me connaît mieux

que moi-même. Je crois ce qu'elle dit, le bon et le mauvais, surtout le mauvais. Je me sens transparent devant elle – elle a pris sur moi une influence certaine parce qu'elle est là comme une énergie potentielle, une volonté créatrice. »

C'est un bon portrait d'Alma que voilà, auquel chacun de ses hommes aurait pu sans doute souscrire. Coupable? Elle ne connaît pas ça!

Ce jour-là, Franz finit par s'en aller. Alma a refusé que le médecin du village la touche « avec ses mains de boucher », mais de Vienne arrive le professeur Halban. Et, dans un convoi militaire, par une heureuse – heureuse? – coïncidence, Walter Gropius.

Le professeur décide de procéder à une petite intervention, probablement un cerclage, puis de faire transporter Alma à Vienne.

C'est à l'hôpital Loewe, après une longue nuit de souffrances, qu'Alma mettra au monde, à trente-neuf ans, un petit garçon prématuré. Franz, qui n'a cessé de téléphoner, tombe à neuf heures du matin sur Gropius qui lui annonce la nouvelle. « La nuit a été dure, lui dit-il. L'enfant vit. Alma va aussi bien que possible. Il faut attendre que les premiers jours soient passés. » Les deux hommes vont ainsi continuer à se téléphoner pendant quelques jours. Gropius a-t-il des soupçons? Lesquels? En tout cas il se conduit comme s'il n'en avait pas. Il a obtenu une permission exceptionnelle pour rester auprès de sa femme.

Werfel est venu la voir. Impressionné par cette atmosphère d'hôpital, la petite chambre blanche et nue remplie de fleurs. « Il est quatre heures de l'après-midi et l'air lourd d'un jour d'été en ville pénètre dans la pièce. Sur le lit de malade laqué de blanc, je vois, étendue, la femme que j'aime... Sa longue chevelure blonde se déploie sur son oreiller. Elle a le visage exsangue mais jamais sa beauté ne fut plus triomphante. La femme que j'aime n'est pas ma femme, pas encore. Dans cette terrible situation, j'ai même le devoir de me comporter en innocent étranger... »

Franz Werfel n'est pas un homme cynique. Il se juge au-dessus des conventions bourgeoises. « Cependant, je suis de plus en plus certain que nous n'avons pas seulement commis une faute envers l'ordre social mais aussi envers un ordre plus élevé. Homme, femme, enfant, cette rencontre sacrée ne doit pas être ce qu'elle est ici en cet instant. »

Devant ce nouveau-né dont il est le père, il reste pétrifié, en quête d'une émotion qu'il ne parvient pas à éprouver. Ce bébé blanc, silencieux, l'embarrasse. Si seulement il criait! Mais il ne crie pas. Franz murmure quelques paroles de réconfort à Alma, « nous nous en sortirons, tu verras », sent sur lui le regard de l'infirmière, se compose un visage innocent...

Le mensonge où ils sont va se déchirer d'un coup. Un dimanche matin, de bonne heure, Alma parle avec Franz au téléphone. Ils discutent du nom qu'ils donneront à l'enfant. Ils en ont déjà discuté dix fois et en sont à Martin. Soudain, Gropius entre dans la chambre, des fleurs à la main, il entend Alma tutoyer Franz Werfel et lui parler sur un ton sans équivoque. Elle voit son mari, raccroche. Gropius, calme, demande : « Il est ton amant, n'est-ce pas? » Elle ne répond pas. Il est fixé.

L'après-midi, il va chez Werfel, mais celui-ci dort et ne l'entend pas frapper. Alors il lui laisse une carte : « Je veux vous aimer. Pour l'amour de Dieu, épargnez Alma. Un malheur pourrait arriver. L'émotion, le lait. Si l'enfant nous (nous!) était enlevé! »

Et il part rejoindre son unité.

« La noblesse de cet homme m'a anéanti! » conclut Franz Werfel qui n'en mène pas large.

Quelques jours après, rentrée chez elle avec son bébé – on ne sait guère soigner les prématurés à l'époque –, Alma reçoit une lettre de son mari : il lui propose de lui rendre sa liberté en échange de la garde de Manon. Elle répond en refusant : elle ne donnera jamais Manon.

Va-t-on assister à une bataille classique entre des parents déchirés autour d'un enfant? Pas exactement. Walter Gropius n'est pas un homme simple.

Un soir de novembre 1918, Alma le voit arriver en compagnie de Franz qu'il est allé chercher chez lui. Le lieutenant Gropius n'a plus rien à faire dans l'armée. La tragédie de l'effondrement de l'Allemagne a commencé. C'est sa tragédie personnelle qu'il veut régler.

« Allez-vous-en, dit Alma en les voyant. Allez-vous-en tous les deux. Je ne veux plus de toi, Walter, ni de toi, Franz. Mais vous ne toucherez pas à mes enfants, ils sont à moi! »

Alors se joue une scène incroyable. Walter Gropius se jette, physiquement, aux pieds de sa femme, se frappe la poitrine, la supplie de lui pardonner... Tout est de sa faute! Ce qu'il désire, c'est la garder, rien d'autre. Accepte-t-elle de rester sa femme?

Alma, devant qui il ne faut jamais s'humilier, y perd ce qui lui restait d'amour pour Gropius. Franz Werfel, à la fois témoin et acteur, assiste, gêné, à cette scène avec des sentiments variés et essaye de calmer l'un et l'autre. Il y parvient, mais, les jours suivants, c'est lui qui devient nerveux et adjure Alma d'en finir avec Gropius qu'elle ménage à cause de Manon.

Comme elle l'écrit en toute simplicité : « Pendant ce temps, la monarchie s'effondrait. Mais tout cela me touchait de plus près. J'ai à peine remarqué cet événement d'importance mondiale. »

En revanche, elle ne peut rester indifférente aux événements qui éclatent à Vienne le 11 novembre 1918. Elle ne le peut pas parce que Franz Werfel s'en mêle.

Tout commence, comme toujours, par une foule en colère descendant dans la rue pour marcher sur le Parlement. De la fenêtre de son salon rouge, Alma observe « le défilé des prolétaires », entend des coups de feu, sort de son tiroir le revolver dont elle ne se sépare jamais.

Ce jour-là, l'empereur Charles a renoncé à toute participation aux affaires de l'État et suspendu formellement le premier ministre du dernier cabinet impérial de ses fonctions. La République autrichienne est proclamée. Le drapeau rouge blanc rouge va être hissé quand la foule donne l'assaut au Parlement. Dans le tumulte, les communistes arrachent la raie blanche du drapeau et hissent le reste en guise de drapeau rouge. Des émeutiers brisent les vitres du café Landmann, rendez-vous de la bourgeoisie huppée, d'où les clients s'enfuient, affolés. L'agitation se poursuit toute la nuit.

Le lendemain, Franz Werfel, en uniforme, vient demander à Alma sa « bénédiction » avant de s'engager dans une action révolutionnaire. Elle est opposée « du fond du cœur » à une telle action dont elle ne comprend même pas le sens, mais finit par l'embrasser au front. Quand il revient le soir, « puant l'eau-de-vie et le tabac », sale, dépenaillé, pour lui apprendre que les jeunes intellectuels ont fondé « la Garde rouge », elle le renvoie, hors d'elle.

Debout sur les bancs du Ring, il a crié toute la journée aux émeutiers : « Prenez les banques d'assaut ! » « A bas les capitalistes ! » Mais la révolution ne prendra pas ce tour. C'est une république bourgeoise qui est instaurée, dans un pays rétréci à ses limites actuelles, tandis que les Habsbourg s'effacent.

Une fois réprimés les mouvements de rue, Franz Werfel est sévèrement jugé par la bonne société viennoise où seule Berta Zuckerkandl le défend. La police le recherche. Qui le sauvera ? Walter Gropius, qui a décidément une curieuse relation avec les mari et amant de sa femme. Du haut de ses titres de guerre – blessé quatre fois, il a reçu deux fois la croix de fer –, il se porte garant de Werfel. Puis il repart pour Berlin où il doit chercher du travail, assurer la subsistance de sa famille, laissant Alma à Franz dont elle n'est pas sûre de vouloir encore, bien qu'elle passe avec lui « des nuits glorieuses ».

Elle l'installe, seul, au Semmering où, en huit jours, il écrit le premier acte d'une pièce, *L'Homme miroir* (*Der Spiegelmensch*) dans laquelle il règle son compte à Karl Kraus dont il fut autrefois l'ami. Puis, las de la solitude, il rentre à Vienne où Alma lui fait une scène grandiose parce qu'il a décidé de passer les fêtes de Noël dans sa famille, à Prague. Mais il ne se laisse pas impressionner, la quitte. Et elle se retrouve seule avec ses enfants : Gucki, que l'on appelle maintenant Anna, aux yeux magiques, plus grands qu'elle, Manon, qui a deux ans et demi et la séduction de sa mère, et le petit Martin, fragile, si fragile.

Elle a engagé une Anglaise pour s'occuper du bébé

mais elle a dû réduire sa domesticité à une seule servante, Ida. Heureusement, Anna Moll est là, toujours diligente et efficace. Car Alma sait se faire servir, mais elle ne sait rien faire de ses mains.

La pénurie de nourriture et de charbon est dramatique. Berta Zuckerkandl entreprend d'attendrir son vieil ami Clemenceau pour qu'il accepte la création d'une commission alimentaire interalliée à laquelle il a opposé son veto.

Elle lui écrit : « Georges, je sais que tu es sur le point de détruire l'Autriche parce que tu veux la punir... Vienne, la ville dont tu aimais le charme léger, est aujourd'hui le théâtre d'une tragédie effroyable. Non, tu ne peux pas faire cela, etc. »

Souvenirs de jeunesse? Décision politique? Le Tigre cède. Et Bertha pourra écrire dans ses Mémoires : « Mon amitié avec Clemenceau finira donc en beauté. »

Vienne ne connaîtra pas la famine après l'avoir frôlée.

En janvier, il faut hospitaliser le petit Martin pour lui faire subir une ponction.

Et cette fois, Alma prend conscience d'une sorte d'indignité. Ce doux bébé crucifié souffre, elle en est sûre, par sa faute. Pendant qu'elle ne sait même pas avec certitude de qui est l'enfant, ô honte... Pendant que Martin se meurt à l'hôpital, elle se remémore sa vie, se dit qu'elle ne s'est jamais trompée, qu'elle n'a rien à renier, qu'elle voudrait bien savoir cependant « pourquoi je n'arrivais pas à sortir de la tête de tous ces hommes... » et s'interroge. Divorcer d'avec Gropius? Le sens qu'elle a gardé des convenances bourgeoises la retient encore. Et puis, si c'était le meilleur des maris auquel prétendre? Elle lui a promis de lui amener sa fille et, début mars, le rejoint à Berlin. Mais là, il parle de s'installer avec elle à Weimar où il vient d'implanter le Bauhaus, et elle se dit : « Quoi! Végéter à Weimar avec Walter Gropius jusqu'à la fin de mes jours? »

Arrive un télégramme adressé à Gropius qui est légalement le père de Martin : l'enfant est mort.

« J'aurais voulu mourir à sa place », dit Gropius en

apprenant la nouvelle à Alma. Puis, toujours parfait, il télégraphie à Werfel.

Alma est en pleine confusion. Elle ne veut plus de Gropius, elle ne veut plus de Werfel, « source de tout mon malheur », elle veut... Kokoschka, qui vient de lui faire savoir par un messager, le baron Birstay, qu'il ne peut décidément pas peindre sans elle. Sous prétexte que Gropius doit pouvoir rester un peu seul avec sa fille, elle leur fausse compagnie et part dans Berlin à la recherche de Kokoschka.

Une chance qu'elle ne l'ait pas trouvé pour compliquer encore un peu la situation. Elle revient de son expédition penaude, triste, mais décidée cette fois à divorcer. Walter Gropius est alors en pleine effervescence professionnelle, ce qui le rend peut-être plus ouvert à l'idée de perdre définitivement Alma. Mais au sujet de Manon, il tient bon. Il en exige la garde. A Vienne, Alma retrouve Franz plus épris que jamais, jeune, avide, amoureux, généreux, prodigue, plein de projets... Il a préparé, pour la recevoir, une table chargée de mets succulents – l'un et l'autre sont horriblement gourmands – et il lui écrit ce qui peut le mieux la toucher :

« Almitschka, vis pour moi! Je vois mon avenir complètement en toi. Je veux t'épouser. Et pas seulement par amour. Mais parce que je sais au plus profond de moi-même que s'il est une personne vivante qui peut me convenir et faire de moi un artiste, toi seule es cette personne. »

Avec cette belle assurance qui ne la déserte jamais, cette foi en sa propre lumière, elle va le gouverner. D'une poigne de fer. Désormais, il faudra qu'il travaille pour avoir le droit de la voir.

« Franz est un tout petit oiseau dans ma main, écrit-elle, le cœur battant très vite, les yeux inquiets, et je dois le protéger des intempéries et des chats.

« Il essaye parfois de jouer les héros mais je l'aime mieux comme petit oiseau car cette autre partie de lui-même n'a pas besoin de moi ni probablement de personne. »

Mais elle n'a pas envie de se marier une troisième fois. Pour quoi faire? La société a changé. Elle a quarante ans. Elle peut vivre comme elle l'entend sans la ratification de l'état civil. Elle a envie de voyager, elle déteste la « politisation » de Vienne, qui a retrouvé cependant une bonne part de ses fastes et de sa grâce particulière.

« La politique! écrit-elle. Je souhaite le retour de l'Empereur, fût-il idiot, et celui des archiducs plus coûteux que le pays serait obligé d'entretenir. Si seulement la magnificence pouvait revenir d'en haut pour abaisser enfin toute la horde d'esclaves qui forme le soubassement de la nation...

« Le hurlement des masses est une musique infernale qu'une oreille saine ne saurait souffrir. Tolstoï croyait y distinguer des voix d'anges, mais c'était sa propre voix qu'il entendait, comme, lors de certains grands silences dans la nature, on entend son sang bruire à ses oreilles. »

Ce n'est pas un nouveau voyage à Weimar qui la réconciliera avec « les masses ». Après le fébrile intermède de la République communiste en Bavière, la grève générale est déclenchée dans toute l'Allemagne. Il n'y a plus ni eau ni électricité. Alma et Manon quittent l'hôtel et se réfugient dans l'appartement de Gropius qui est en pleins travaux.

La puanteur des cadavres envahit les rues. Le jour des funérailles des travailleurs tués pendant les manifestations, Alma voit, par la fenêtre, un cortège défiler portant des pancartes « Vive Rosa Luxemburg! » « Vive Liebknecht! » Le corps des architectes est représenté au grand complet. Gropius regrette d'avoir obéi à Alma en s'abstenant d'y participer, et le dit.

« Je voulais seulement qu'il évite de faire de la politique », écrit-elle.

Elle est comme tout le monde ou presque, Alma. Elle croit qu'on se protège des coups en « évitant de faire de la politique ». Vite, elle repart, emmenant sa fille. Mais cette fois Gropius a accepté le principe du divorce et la séparation d'avec Manon, à condition de la voir régulièrement. Il le lui écrit le 12 juillet 1919.

Un peu plus tard, Alma se rend en Hollande avec son autre fille, Anna, pour assister au festival Mahler organisé par Willem Mengelberg. Et là, elle s'ennuie, elle s'ennuie énormément, bien qu'elle soit traitée royalement.

Les discours, les hommages, la présentation à la famille royale, la bénédiction à la formation d'une société Mahler, tout cela lui est pure corvée. La veuve Mahler? Mais il y a dix ans qu'il est mort! Et elle a un génie vivant sous la main. Du moins le pense-t-elle. Il est brouillon, émotif, instable, vacillant entre la foi chrétienne et la foi juive qu'il prétend réconcilier dans son œuvre, vacillant entre le marxisme et le conservatisme où il finira par tomber, vacillant dans son identité, homme de nulle part ne sachant plus où est sa patrie – Prague? Vienne? – depuis que l'Empire s'est désintégré. Mais il travaille et sa carrière se développe. On joue son adaptation des *Troyennes* au Burgtheater de Vienne. On doit monter son drame, *Bockgesang*, à Leipzig, sa pièce, *Spiegelmensch*, à Prague et à Munich. Il a fait du bruit avec un petit livre, *Le coupable, c'est l'assassin*, dont il doit l'inspiration à Alma.

Tout cela ne l'enrichit pas mais son père lui assure une mensualité, tout en s'impatientant parce qu'il voudrait connaître celle dont Franz lui a parlé comme de sa future épouse.

Mais elle n'est pas pressée.

Elle a, de leur différence d'âge, une conscience d'autant plus vive que sa fille Anna s'est fiancée, à dix-sept ans, avec le fils d'une famille amie, Rupert Kollner. On ne saurait dire qu'Alma jubile à l'idée d'être, un jour prochain, grand-mère. Néanmoins, elle donne sa bénédiction. Grand-mère? Deux déclarations enflammées, l'une du chef d'orchestre Ochs, l'autre du poète Trentini, vont arriver à point pour éloigner ce cauchemar. Grand-mère peut-être, mais toujours irrésistible. Elle passe quelques jours agréables grâce à Maurice Ravel que Berta, toujours active, a fait venir à Vienne pour une série de concerts de son œuvre.

Alma se charge d'héberger le compositeur français, dont « le masque de perversion » l'amuse, dont elle apprécie la culture et la sensibilité raffinée. Le matin, au petit déjeuner, il se présente fardé, parfumé, en robe de chambre de taffetas éclatante... Toutes choses qui sont pur divertissement.

Ravel est enchanté de Vienne. Il achète un jour deux sacs dans une maroquinerie, donne son nom à la gérante : elle refuse de le laisser payer. « Qu'en dites-vous ? dit-il à Berta. J'aurais beau habiter Paris pendant cent ans, ça ne pourrait pas m'arriver ! »

Les concerts obtiennent un succès considérable. Alma et Berta organisent, pour le Français, une fête d'adieu à la viennoise, où le heuriger, le vin nouveau, coule à flots. Tous les artistes viennois sont présents, Ravel réclame aux musiciens des valses de Strauss, distribue les baisers, il est ravi...

En rentrant, il composera la fameuse *Valse* où le rythme se transforme, à la fin, en une danse macabre. « J'ai conçu, dira-t-il, cette œuvre comme une sorte d'apothéose de la valse viennoise à laquelle se mêle dans mon esprit l'impression d'un tournoiement fantastique et fatal. »

Il a saisi le chaos qui menace, sous la fête.

Un beau jour, Alma achète une maison à Venise. On ne saurait dire qu'elle a prévu l'avenir, mais confusément elle le redoute. Venise, croit-elle, c'est un refuge possible. C'est là qu'elle rencontre, dans la rue, Kokoschka qui lui donne rendez-vous au café Florian et disparaît.

Elle l'aurait cherché dans la ville si Franz n'était arrivé. Ils vivent ensemble, à Vienne, mais Alma impose à son amant des séparations pendant lesquelles il doit écrire s'il veut la revoir. Discipline efficace. Il travaille, il « produit » avec un succès moyen. Le grand succès, il le connaîtra au début des années 30. Pour le moment, il s'échine sur une biographie de Verdi, tantôt au Semmering, tantôt ici ou là, en Italie.

En 1924, il est à Prague quand son ami Max Brod ramène Franz Kafka de Berlin, mourant, et l'appelle.

On a transporté Kafka au sanatorium Wiener Wald puis à la clinique du professeur Hayek où il est en salle commune. Brod fait des démarches pour obtenir que le malade dispose d'une chambre. Franz, qui est accouru, intervient énergiquement auprès du professeur Hayek qui répond : « Un certain Werfel me demande de faire quelque chose pour un certain

Kafka. Kafka, je sais qui c'est, c'est le lit n° 12. Mais qui est Werfel ? »

Il ne racontera pas cette histoire à Alma.

La même année ils voyagent en Égypte, puis en Palestine. Elle l'accompagne ensuite dans ses tournées de conférence. Ils sont ensemble à Berlin pour la première de *Wozzeck* qui consacre la réputation internationale d'Alban Berg, puis à Prague où l'opéra, dédié à Alma, est représenté. Prague n'est plus autrichienne, Prague est la capitale de la Tchécoslovaquie. Alma tempête parce qu'elle ne peut pas passer la frontière faute d'un visa de retour. Enfin, les choses s'arrangent. Mais la représentation tourne mal. Elle a été programmée le jour de l'enterrement du bourgmestre, ce que certains Praguois n'apprécient pas.

Dès le lever du rideau, les manifestations commencent. La loge où se trouvent les Berg, Alma et Franz est rapidement identifiée par les fleurs qui la décorent. Ils se font insulter. Le chef d'orchestre prend la fuite. Le public hurle, à l'intention des Berg : « Honte ! Juif ! Juif ! »

Ils quittent la salle sous la protection de la police. Berg n'est pas juif et sa femme pas davantage. Elle est la fille naturelle de l'empereur François-Joseph !

La « politique » rattrape de nouveau Alma en juillet 1927, à Vienne. Les ouvriers mettent le feu au Palais de Justice. La police montée tire. Il y a quatre-vingt-dix morts. Le chancelier Seipel, que les socialistes baptisent « le prélat impitoyable », défend les brutalités de la répression face aux sociaux-démocrates. Les commentaires d'Alma sont ceux que l'on peut imaginer sur « la horde humaine lâchée ».

Mais elle écrit aussi : « Les intellectuels sont des savants, des artistes, des gens d'argent, mais ils ne devraient jamais se mêler de politique. Ils mettent le monde en flammes par leur manque d'imagination. On devrait les empêcher de nuire avant qu'il soit trop tard.

« L'intellect est en politique le pire malheur, c'est l'éloignement du vrai.

« Des civilisations sont écrasées, anéanties, et au nom de l'humanité, l'humanité est massacrée.

« L'Autriche est déjà perdue. Peut-être y aura-t-il un palliatif possible : le rattachement à l'Allemagne. Mais lorsque l'Autriche s'éveillera, elle ne se reconnaîtra plus, car alors l'Autriche sera la vassale de l'Allemagne... »

Ce n'est pas si mal vu.

Conséquence de la répression, il y a une grève générale dans tout le pays. Alma, qui vient de faire installer l'électricité au Semmering, est privée de courant. Elle conclut : « C'est folie de croire que la machine nous permettra d'atteindre la liberté. Plus nous nous livrons à elle, plus le travailleur deviendra notre " roi ". Avec les bougies, nous n'avions pas de tels ennuis. »

Et pourtant, Vienne a toujours le parfum de Vienne. L'année suivante, quand les efforts de Berta Zuckerkandl aboutiront à faire venir en Autriche son vieil ami Paul Painlevé, alors ministre de la Guerre en France, sous l'égide de l'Alliance pour la culture, et qu'elle donnera pour lui une soirée à laquelle assisteront, bien sûr, Alma et Franz, Painlevé dira : « Malgré ce qui s'est passé, cette ville a gardé un charme étrange qui la rend féerique. Les gens y sont si différents ! Ces Viennois, ces Viennoises ont quelque chose de l'inconscience naïve des enfants : oui, c'est un trait significatif de la façon d'être de cette ville. J'ai beaucoup voyagé, j'ai un aperçu des élites de tous les pays mais nulle part je n'ai trouvé ce naturel, ce sourire calme. C'est le sourire d'un peuple imprégné d'une culture très ancienne. » Vienne ne va plus sourire longtemps.

10

En 1929, Alma a deux sujets de préoccupation. Sa fille Anna, qui, reproduisant le schéma maternel, divorce pour la deuxième fois – après Kollner elle a épousé un jeune compositeur, Ernst Krenek –, et son âge.

Elle peut vérifier de temps en temps que sa capacité de séduction est intacte. Gerhart Hauptmann, avec lequel elle a passé récemment quelques soirées, lui dit dès qu'il a un peu bu : « Toi, toi mon grand amour... » Ou encore : « Dans une autre vie, il faudra que nous soyons amants ! » A quoi sa femme répond : « Là aussi il faudra que tu attendes ton tour ! »

Kokoschka lui écrit pour lui demander de partir avec lui en Afrique.

Quand elle se regarde dans son miroir, elle voit un visage à peine meurtri, encadré maintenant de cheveux courts. Le bleu intense des yeux, la tête qu'elle porte haut, le dessin parfait des lèvres, le nez délicat sont intouchés. Le corps, en revanche, s'est alourdi. Trop de gourmandise, trop d'alcool. Mais elle l'habille avec art, comme toujours. Maintenant que les femmes dévoilent leurs jambes, elle en profite pour montrer les siennes qui sont superbes, longues, toujours gainées de bas très fins. Sa taille, autrefois étranglée dans un corset, n'a jamais été mince. Cela ne s'est pas arrangé, mais avec la mode moderne ces choses-là se camouflent. Et jusqu'à la fin de sa vie elle s'enorgueillira de ne pas porter de gaine. A cinquante ans, elle est encore magnifique, Alma.

Mais elle est lasse.

Sous un prétexte futile, une scène éclate entre elle et Franz. Elle en a assez « de l'esclavage sous la domination de l'homme ».

C'est souvent en prenant de l'âge que les femmes se mettent à ruer. En ce qui concerne Alma, il y a longtemps qu'elle en a fini avec les délices de la soumission, à supposer qu'elle les ait jamais durablement savourés. Tenir la maison de Franz Werfel, assurer son bien-être, vraiment, est-ce une tâche où engouffrer l'énergie, l'intelligence, le talent d'Alma? Est-ce dans cette impasse qu'ont abouti les ambitions de sa jeunesse? Elle n'y pense pas tous les jours. Mais quelquefois, elle suffoque. Alors l'affirmation d'elle-même passe par une scène faite à l'homme qu'elle a sous la main.

Elle part pour Venise avec Anna, s'ennuie et se rend à Rome voir... la maîtresse de Mussolini, Margherita Sarfati. Les deux femmes ont une conversation sérieuse. Après avoir constaté que seule une organisation mondiale pourrait modifier les événements, la Sarfati explique « qu'un fascisme international basé sur le principe d'un fascisme national ne sera possible que si les chefs des autres pays font preuve de la sagesse de Mussolini en mettant de côté la question juive ». « Je n'étais allée chez elle, écrit Alma, que pour être tranquillisée sur ce point. »

Elle ignore que Margherita Sarfati est juive elle-même. Et qu'un jour, Mussolini changera de maîtresse.

Une conversation avec l'insupportable Pfitzner, qui passe par Venise, tourne mal. Elle a sorti quelques bouteilles de tokay dont elle se sert abondamment, Pfitzner et Franz aussi. Les deux hommes s'empoignent au sujet d'Hitler et Pfitzner, brandissant le poing, hurle : « Hitler vous apprendra, l'Allemagne vaincra quand même! »

Une nouvelle tragédie les frappe : la fille unique d'Arthur Schnitzler s'est suicidée, à Venise, d'un coup de revolver. Elle était mariée à un colonel italien. Ce jour-là, Alma consigne le récit de sa visite à Schnitzler, effondré, puis écrit :

« Cette nuit j'ai décidé de ne pas me marier. La raison de ce refus : une poésie que Werfel est en train d'écrire. Une poésie sur la mort de Lénine! »

Plus tard :

« Depuis dix ans je suis désaxée, je joue un rôle : l'heureuse amante d'un grand poète. Mais je ne me sens ni son amante ni sa femme. Lui veut se marier aussi rapidement que possible mais quelque chose en moi s'y oppose. »

Et plus tard :

« Peut-être épouserai-je tout de même Franz Werfel... C'est l'être le plus charmant, le plus affectueux que je connaisse... »

Enfin :

« Je ne pourrais vivre sans juifs. D'ailleurs, je vis constamment et exclusivement avec eux. Mais souvent je suis prête à exploser de colère... »

Inutile de préciser que ce pluriel a le don de mettre Werfel hors de lui.

Pour en terminer, le 8 juillet 1929, Alma Schindler-Mahler-Gropius épouse Franz Werfel. Peut-être la situation de la petite Manon qui ne comprend pas très bien le rôle de Franz dans la vie de sa mère a-t-elle déterminé une décision plusieurs fois ajournée.

La veille de son mariage, elle écrit :

« Je vais mal physiquement.

« Un abandon sur toute la ligne. Mes yeux en ont assez. Mes mains ralentissent leur allure sur le clavier. Je ne supporte aucune nourriture, je ne puis plus rester debout, ni marcher, c'est tout juste si je puis encore boire. Mais c'est là, souvent, le seul moyen d'éviter le froid, le frisson qui s'empare de moi car je suis un sujet vagatonique, un pouls lent au cœur faible.

« Dans quelques semaines j'aurai cinquante ans et Franz Werfel est encore jeune. Je dois continuer à marcher du même pas que lui. Je dois concentrer tout l'intérêt de mon existence sur sa carrière. Je ne dois pas considérer tout de haut, comme je le souhaiterais. »

Peu après Alma, sa fille Anna se marie, pour la troisième fois, avec Paul von Zsolnay qui appartient à la famille des éditeurs de Franz, vieille famille fortunée. Alma accueille la nouvelle froidement. Cette fois, elle va être grand-mère, elle le sent. De fait, Anna aura un enfant avant de divorcer une troisième fois. Puis elle se lancera dans la sculpture, non sans un certain bonheur, et dans une nouvelle série de mariages... Cette jeune femme auréolée d'une célébrité lourde à porter, celle de son père, affligée d'une mère écrasante qui la fascine, encombrée d'une enfance où sa sœur est morte, on comprend qu'elle ait eu quelque peine à trouver un semblant d'équilibre. D'ailleurs, qui voudrait être la fille d'Alma ?

De nouveau, une nouvelle tragique vient frapper les Werfel, la mort d'Hugo von Hofmannsthal. Le fils aîné du poète, Franz, s'est suicidé, à vingt-six ans, d'un coup de revolver. Le jour de l'enterrement du jeune homme, au moment de prendre la tête du cortège funèbre, Hofmannsthal s'est effondré, mort, à cinquante-cinq ans. Depuis longtemps, celui qui avait été la coqueluche de l'intelligentsia viennoise avait envie de mourir.

Il a eu cette phrase prophétique : « La politique est magie. Celui qui saura utiliser les forces des profondeurs, celui-là on le suivra. »

C'est imminent. Mais en 1929 on peut encore, à Vienne, se cacher derrière son petit doigt. L'Autriche ne fait pas encore partie du fief du diable.

Franz et Alma partent en voyage de noces, retournent en Égypte, en Palestine, au Liban. Là, le spectacle de la misère et de la crasse rebute Alma, mais Franz, impressionné par le calvaire des réfugiés arméniens, y trouve un sujet. Il en parle avec Alma, ils imaginent ensemble un scénario, ce sera *Les Quarante Jours de Musa Dagh*, roman historique d'une belle envolée, le premier grand succès de Franz Werfel. Succès international si retentissant que le nom de l'auteur viendra aux oreilles des jurés du Nobel.

Retour à Vienne, les Werfel pendent la crémaillère dans la maison de vingt-huit pièces, située à la Hohe Warte, qu'Alma vient d'acheter. Le Tout-Vienne est présent.

Franz est désormais l'auteur le plus célèbre d'Autriche, il a reçu le prix Schiller, il est le *poeta laureatus* quasi officiel. Alma est la première hôtesse de la capitale. Klaus Mann la décrit ainsi à cette époque : « Intimement liée à Schuschnigg (le chancelier clérical) et à son entourage, elle tenait un salon où tout Vienne se donnait rendez-vous : le gouvernement, l'Église, la diplomatie, la littérature, la musique, le théâtre – rien n'y manquait. La maîtresse de maison, grande, fardée avec soin, le visage et la silhouette encore beaux, allait, triomphale, du Nonce apostolique à Richard Strauss, ou à Arnold Schönberg, du ministre au ténor héroïque, du vieil aristocrate élégamment gâteux au jeune poète plein de promesses. Dans un coin du boudoir, on traitait en chuchotant de l'attribution d'un siège important au gouvernement tandis qu'on décidait dans un autre groupe de la distribution d'une comédie nouvelle au Burgtheater. »

Dans la maison somptueuse où elle reçoit, elle expose, telle une chasseresse, ses prises auxquelles tout visiteur doit manifester respect. Il y a, dans une vitrine, le manuscrit de la *Dixième Symphonie* de Mahler, celle qui porte les derniers cris d'amour du compositeur. C'est à cette page qu'il est ouvert, exposé aux regards. Au mur est accroché un portrait d'Alma en Lucrèce Borgia, peint par Kokoschka.

Prises suivantes : Franz Werfel, que Musil a baptisé « la bouche d'incendie » tant son éloquence est devenue fébrile. Et l'exquise Manon de seize ans.

Elias Canetti, qui hait Alma mais qui a néanmoins fréquenté son salon au début des années trente, parce qu'il était amoureux d'Anna Mahler, trace d'elle, après leur première rencontre, un portrait féroce : « Une grande femme débordant de toutes parts, avec un sourire sucré, et des yeux brillants, béants, sans expression... La légende de sa beauté durait depuis trente ans et maintenant elle était là, s'asseyant lourdement, avec un coup dans l'aile... »

Alma lui fait admirer les pièces de son musée privé puis appelle Manon qui paraît, brune créature légère déguisée en jeune fille, parée d'innocence, irradiant la timidité plus encore que la beauté. « Angélique gazelle venue non de l'arche mais du ciel. » Canetti voudrait l'arracher à « cet antre du vice », mais c'est Alma qui parle : « Elle est belle, n'est-ce pas? C'est ma fille Manon. La fille de Gropius. Elle est unique! Ça ne te fait pas de peine, Annette, que je dise cela? Il n'y a pas de mal à avoir une sœur belle. Tel père, telle fille. Avez-vous jamais vu Gropius? Un homme grand et beau. L'aryen type. Le seul homme qui, racialement, m'était assorti. Toutes mes autres histoires d'amour ont été avec des juifs. Comme Mahler. Etc. »

Canetti est reparti horrifié. Ce qui ne l'a pas empêché de revenir chaque fois qu'il a été invité.

Son activité mondaine, pour absorbante qu'elle soit, ne suffit pas à distraire Alma d'elle-même. C'est à la religion que cette vieille nietzschéenne va demander secours, en dehors de la Bénédictine dont elle use désormais dès le matin. D'abord, elle soulage sa conscience au cours d'une confession générale à la cathédrale Saint-Étienne. Puis elle trouve l'homme qu'il lui faut. Elle le rencontre lors de l'intronisation du cardinal Innitzer. Un lunch suit la cérémonie et on présente à Alma un beau prêtre de trente-huit ans Johannes Hollensteiner, professeur de théologie, auquel on prédit la pourpre cardinalice.

Ce qu'il faut bien appeler leur liaison, et qui fut en tout cas une étroite intimité, exaspère Franz naturellement. En même temps, il voit le ridicule d'être jaloux d'un homme en soutane. Le matin, l'après-midi, Hollensteiner et Alma ne se quittent plus.

Des hommes ont déjà composé pour elle, peint pour elle, mais aucun n'a encore jamais dit la messe pour elle. C'est simplement grisant. Elle est plongée dans l'adoration, confie à son journal qu'elle voudrait s'agenouiller devant lui, se soumettre à lui, exulte quand il lui dit : « Je n'ai jamais été proche d'aucune femme. Vous êtes la première et vous serez la dernière. »

Proche jusqu'où? Elle note un jour : « Ou bien Hollensteiner est un ange ou bien c'est un scélérat. Par respect pour moi-même, j'ai décidé de le voir comme un ange... » La suite est biffée. On n'en saura pas davantage sur ce qu'a fait le scélérat. En tout cas, il a un faible pour Hitler et influence profondément Alma. Un soir de 1933, les Werfel reçoivent H.G. Wells,

Dorothy Thompson et Sinclair Lewis qui viennent d'être expulsés d'Allemagne et racontent ce dont ils ont été témoins. Enfin, disent Alma et Franz, il y a tout de même du bon dans ce que fait Hitler...

Et Alma note :

« Si je considère Hitler qui a passé quatorze ans dans l'ombre parce que son temps n'était pas encore venu, je vois en lui un authentique idéaliste allemand, quelque chose d'impensable pour un juif. »

Quelques années plus tard, elle a biffé cette phrase en ajoutant : « Malheureusement, il est stupide. » Stupide n'était peut-être pas le mot juste.

Conseillée par Hollensteiner, elle ne bronche pas quand les autorités allemandes ordonnent l'autodafé des œuvres de Werfel et proscrivent la musique de Mahler. Elle est obnubilée par ce qu'on appelle alors les réalisations du fascisme, et elle n'est pas la seule. Franz Werfel, lui, a d'abord cru follement qu'il serait accueilli au sein de l'Union des Écrivains « nazifiés ». Il a signé une déclaration de loyauté envers le régime hitlérien. Il a postulé en qualité de membre de la communauté germanique de Tchécoslovaquie. Incroyable? Oui. Il l'a fait, cependant. Werfel n'est pas un grand caractère. Il y a très peu de grands caractères. C'est un grand écrivain. Il voudrait tellement continuer à être lu en Allemagne, y poursuivre ses fameuses tournées de conférences... Mais l'Union des Écrivains le rejette, ses conférences sont interdites, et, tout de même, il se pose quelques questions.

A Berlin, en avril 1933, deux cents policiers investissent le Bauhaus alors installé dans une ancienne usine. Trente étudiants sont arrêtés. Le Bauhaus est dénoncé comme « source de l'art dégénéré », « bouillon de culture bolchevique ». Gropius part, se réfugie à Londres.

Plus tard, il ira aux États-Unis où il fera une seconde carrière éclatante.

Des réfugiés commencent à arriver d'Allemagne en Autriche. « Les rats envahissent le bateau qui coule », ricane Karl Kraus. La situation intérieure du pays se dégrade de jour en jour. Le petit, le tout petit chancelier Dollfuss, surnommé Millimetternich, a supprimé les droits du Parlement et gouverne avec les pleins pouvoirs.

Il prend, sur l'insistance de Mussolini et de la garde nationale, la décision insensée d'anéantir définitivement la social-démocratie autrichienne. Dans la capitale mais aussi dans certaines villes industrielles, la garde nationale et les forces armées sont lancées contre les citadelles socialistes. A Vienne, le gouvernement occupe l'Hôtel de Ville, les socialistes tentent de le reprendre. On se bat durement dans les rues.

Un envoyé du quai d'Orsay à Vienne, réfugié à l'ambassade de France, Charles Rist, téléphone à Berta Zuckerkandl qui l'attend pour déjeuner : « Je ne peux pas venir. Vous entendez les mitraillettes? L'Autriche est en train de se suicider. » Les combats durent trois jours. Les sociaux-démocrates sont écrasés. Il reste à se débarrasser de Dollfuss. Ce sera fait. En juillet 1934, le chancelier Engelbert Dollfuss est assassiné par les nazis autrichiens.

Les Werfel reçoivent la nouvelle dans une quasi-indifférence, accablés qu'ils sont par le drame qui les a soudain frappés. Un soir qu'ils venaient rejoindre Manon à Venise, en avril, ils l'ont trouvée blafarde, souffrant d'atroces maux de tête. Alma a appelé aussitôt un médecin, sa mère... En quelques heures, le corps de la jeune fille a été gagné par la paralysie. Poliomyélite. Elle a dix-sept ans.

D'abord, les médecins sont confiants. Prévenu, Walter Gropius est accouru, de Londres, pour passer une semaine auprès de son enfant bien-aimée. On lui a promis qu'elle retrouverait l'usage de ses jambes. Alma en est convaincue. L'état de Manon va s'améliorer, il doit s'améliorer puisque Alma le veut! Mais il y a, en fait, très peu de progrès. Manon, la délicieuse Manon, habillée, parée, circule désormais sur une chaise roulante dans la grande maison de la Hohe Warte.

Alors va se jouer une comédie sinistre. Sous l'influence du père Hollensteiner, Alma a l'idée diabolique de la fiancer! Avec un protégé du père. « Elle guérira! dit Alma. La joie que lui donne son fiancé la guérira. »

Pauvre petite Manon. Un jour, elle n'en peut plus,

elle supplie : « Laissez-moi mourir en paix, jamais je ne guérirai. » Elle a cette phrase : « Tu surmonteras ça, maman, comme tu l'as toujours fait, comme tout le monde le fait toujours. » Et elle meurt brusquement, le lundi de Pâques 1935.

C'est en hommage à Manon Gropius qu'Alban Berg écrira *Concerto à la mémoire d'un ange*.

L'enterrement a lieu au cimetière de Grinzing, en toute hâte à cause des risques de contagion. Prévenu trop tard, Walter Gropius n'a pas pu arriver à temps. Manon n'est pas inhumée dans la tombe de Mahler mais, à cent mètres de là, dans un autre caveau. Ici encore, il faut emprunter à l'impitoyable Canetti le récit de la cérémonie :

« Chaque possibilité d'effet fut exploitée. Tout Vienne était là, du moins le Vienne digne d'être reçu à la Hohe Warte. D'autres vinrent qui espéraient être invités mais ne l'étaient jamais : on ne peut pas empêcher les gens d'assister à un enterrement...

« Nous n'étions pas loin de la tombe ouverte et j'entendis l'émouvante oraison de Hollensteiner, conservateur en chef du cœur maternel blessé. Elle pleurait. Je fus frappé de voir que ses larmes étaient d'une taille inusitée. Il n'y en avait pas beaucoup mais elle s'arrangeait de telle sorte que les gouttes se mélangeaient en sécrétions plus abondantes que nature, larmes comme je n'ai jamais vu, perles énormes, bijoux sans prix. Je ne pouvais pas la regarder sans fondre d'admiration devant tant d'amour maternel.

« Certes l'enfant, comme Hollensteiner le fit éloquemment remarquer, avait enduré ses souffrances avec une patience surhumaine, mais non moins grandes étaient les souffrances de la mère qui avait vécu ce supplice, etc. »

Qu'elle ait ou non joué en artiste son rôle de mère affligée devant la foule de ses connaissances, Alma est, cette fois, touchée au fond. Peut-être pour la première fois, bien qu'elle ait perdu trois enfants. Et puis elle sait, cette fois, qu'elle n'en aura pas d'autres.

Elle se tient, mais elle a vieilli. Ses cheveux blonds ont blanchi. Elle cache ses bras sous des manches longues, sa taille sous des vestes, elle s'habille de noir.

Elle vend sa maison de Venise, toute pleine de la présence de Manon.

Franz Werfel est très proche d'elle, très attentif en cette rude période. Mais c'est lui, la vedette, c'est de lui que parle la presse, c'est lui qui est invité à New York, où elle l'accompagne, pour la production d'une pièce, *La Route éternelle*, c'est lui qui est fêté au cours d'un gala donné en son honneur par la communauté arménienne de New York reconnaissante à l'auteur des *Quarante Jours de Musa Dagh*. C'est lui qui est invité à un débat sur l'avenir de la littérature, organisé à Paris par la Société des Nations, c'est lui qui passe toutes ses soirées avec James Joyce dans des cafés dont ils se font expulser parce qu'ils chantent ensemble, à tue-tête, des airs de Verdi.

Et elle écrit :

« Mon mariage n'est plus réellement un mariage. Je vis sans joie auprès de Werfel dont les monologues ne connaissent plus de frein. Il n'est question que de ses intentions, de ses paroles, ses, ses, ses! Il a bien oublié combien mes paroles étaient plus importantes pour lui à une certaine époque. »

Aujourd'hui comme hier, seul doit exister le monde dont elle est le centre.

Mais voilà que ce monde vole en éclats.

Ils voyagent, en Italie, en 1938, lorsque la nouvelle les atteint : le chancelier Schuschnigg est chez Hitler à Berchtesgaden, l'annexion de l'Autriche par l'Allemagne est imminente.

Le sort aura épargné à Franz Werfel de se retrouver à Vienne battu à mort par les « chaussettes blanches », les jeunes nazis autrichiens. Simplement, il ne reverra jamais son pays. Et Alma, « l'impeccable chrétienne » ? Que va-t-elle faire? L'abandonner? Se séparer de ce juif devenu plus dangereux qu'un revolver chargé? Rentrer dans son pays et ne pas « faire de politique » ?

Elle laisse Franz en Italie et prend le train pour Vienne. Elle n'a prévenu personne de son retour, à part sa femme de chambre, Ida. Elle descend à l'hôtel, fait le tour de sa ville, sa Vienne, qu'elle ne reconnaît pas. Dans la rue, elle croise la femme du ministre de l'Éducation, affolée. Ailleurs, devant le bureau des services allemands où un portrait d'Hitler trône devant la vitrine, des monceaux de fleurs sont accumulés. Elle appelle Anna, inconsciente. Ce n'est plus une petite fille cependant, elle a trente-sept ans, mais elle n'a pas l'air de comprendre ce qui menace la fille de Mahler. A propos : débaptiser la Mahlerstrasse sera l'un des premiers soins des nazis.

Alma prend contact avec le père Hollensteiner, qui lui fait un sermon sur la grandeur du fascisme en marche. Elle se rend, enfin, chez les Moll. Là, on pavoise. Anna Moll peut-être pas, enfin elle ne sait pas, elle est inquiète pour Alma. Mais Karl, sa fille Marie, son gendre Eberstaller sont résolument favorables aux nazis.

Alma retrouve quelques amis antinazis qui se démènent à propos du référendum sur l'annexion annoncé par le chancelier Schuschnigg. Saisis par une sorte d'euphorie, ils sont sûrs que la situation va être renversée, sûrs! Anna fait partie de ces optimistes et mène campagne avec ses amis.

Alma, sceptique malgré les discours de Hollensteiner, passe à la banque, retire son argent liquide et le coud dans la ceinture d'Ida qui s'est proposée pour passer cet argent en Suisse. Elle fait quelques valises, engouffre dans une mallette les manuscrits de Mahler, passe chez les Moll pour dire au revoir à sa mère, confie à Karl Moll tout ce qu'elle possède comme œuvres d'art et le nomme son fondé de pouvoir.

Le 11 mars, le référendum est annulé. Hitler fera son entrée dans la ville le 14 mars. Hollensteiner, qui ne quitte pas Alma, n'a toujours pas l'air de comprendre. « Il était bête! » écrira Alma. Ce bêta fera un séjour à Dachau, quittera l'Église, se mariera. En 1954, devenu professeur à l'université de Linz, il écrira à Alma : « Grâce à vous, par ce que vous m'avez appris, je suis devenu un autre homme. » Disons que c'est la plus originale mais non la plus reluisante de ses conquêtes. Référendum sur l'annexion annulé, Anna ne veut toujours rien savoir pour quitter Vienne. Il faut toute l'autorité de sa mère pour la persuader de partir avec elle le lendemain.

Alma passe sa dernière nuit à Vienne dans sa chambre d'hôtel en compagnie d'Hollensteiner, tout affligé de la voir disparaître. Des avions sillonnent le ciel pour annoncer l'arrivée d'Hitler, le lundi, dans la capitale. Sur le Ring où les supporters de Schuschnigg ont manifesté jusqu'à l'annulation du référendum, les nazis circulent maintenant en masse, hissant partout le drapeau à croix gammée. En les voyant pénétrer dans les immeubles, quelques personnes se jettent par la fenêtre. L'Autriche a cessé d'exister.

« Le gros et puissant IIIe Reich engloutit avec une voracité joyeuse son petit voisin vermoulu et fatigué. Hitler revient en triomphateur dans le pays qu'il a quitté jadis en chien galeux. Ne devait-il pas en être ainsi? Les arrestations en masse, les suicides, les exécutions, l'orgie des pogroms, le bruit discordant des mensonges de la propagande, les cris des victimes torturées et les cris de jubilation (mais oui, une populace remplie d'une joie sadique, enivrée par les sottises de Goebbels et par la puanteur du sang exulte dans sa stupidité criminelle) et même la molle réaction du " monde ", la lâche léthargie des démocraties de l'Ouest : tout y est... » (Klaus Mann).

11

Dans des trains pris d'assaut, en passant par Prague, Budapest, Zagreb, Trieste, Alma et sa fille finissent par atteindre Milan, où elles retrouvent Franz, à demi mort d'inquiétude. Ils sont désormais des émigrés, sans feu ni lieu. Encore se croient-ils en sécurité. A Zurich d'abord, chez la sœur de Franz. Là, Alma retrouve Ida Gebauer et récupère la petite fortune que la dévouée servante a passée dans sa ceinture. Mais ils ne s'attardent pas, obtiennent un visa pour la France et se posent à Paris dans un hôtel modeste, le Royal-Madeleine, tandis qu'Alma part pour Londres, où ils vont bientôt la rejoindre.

Là, Alma sombre.

Anna parle l'anglais comme l'allemand. Franz, doué pour les langues, améliore rapidement ses connaissances. Alma, qui a pourtant fait plusieurs séjours aux États-Unis, met une sorte d'obstination qui lui ressemble à renâcler. C'est aux autres à parler sa langue. L'ennui est qu'ils ne la parlent pas.

Elle est dans cette détresse profonde de ceux qui ont perdu leur foyer, leurs amis, leurs livres, leurs objets familiers et qui n'ont plus l'âge auquel on s'adapte aisément à un nouveau mode de vie.

Bientôt, Londres lui fait horreur. Non seulement c'est « une ville glaciale où on ne touche jamais un linge sec », mais c'est « un fâcheux peuple que celui-là », où personne ne s'intéresse ni de près ni de loin à ce qu'il est advenu de l'Autriche. Mortelle indifférence des démocraties.

Serait-ce qu'elle s'est trompée autrefois, et qu'il faut « s'intéresser à la politique » ? Pour Franz, les choses sont moins dures. Il est en relation avec ses éditeurs, on donne des dîners en son honneur, il découvre le goût du whisky. Mais il rêve d'avoir une petite maison où écrire. Il y aurait des livres, un piano...

Alma va la chercher, mais en France. Elle installe Franz au Pavillon Henri IV, à Saint-Germain, pour qu'il y travaille, et prospecte le Midi où plusieurs intellectuels allemands anti-hitlériens sont déjà installés. A Sanary, dans le Var, elle déniche une vieille tour de guet joliment aménagée. Les Werfel vont y passer quelques mois, Franz travaillant à un roman sur la chute de Vienne, *Cella ou les vainqueurs*. C'est là qu'Alma apprend par téléphone la mort de sa mère et par la radio l'abdication des grandes puissances à Munich, devant Hitler. Mais les Français ne paraissent pas saisir beaucoup mieux que les Anglais ce qui est en train de se passer au cœur de l'Europe. « Ces Français ! écrit Alma. Aimables extérieurement, rudes au fond et incroyablement bienveillants à l'égard d'Hitler. Je sentais d'avance ce qui arriverait, je voulais m'en aller de ce pays pestiféré. Mais Franz Werfel s'entêtait dans son idée, rester accroché à ce dernier bout d'Europe, et refusait de partir. Nous devions le payer cher. »

Pour l'heure, encore une minute, monsieur le bourreau. Ils passent l'hiver à Paris où Alma a le bonheur de récupérer un trésor : le manuscrit de la *Troisième Symphonie* de Bruckner. Ce manuscrit fait partie des biens qu'elle a laissés dans son coffre à Vienne sous la garde de Karl Moll. Or Hitler, qui vénère Bruckner, a manifesté le désir de l'acheter par l'intermédiaire du gendre de Moll, Eberstaller. Ce qu'apprenant, la fidèle Ida a subtilisé le manuscrit, en a fait un paquet grossier confié à une voyageuse qui partait pour Paris. Quand la messagère a découvert le contenu du paquet, elle l'a fait tenir à Alma. A Vienne, Eberstaller sera sanctionné.

Dans sa chambre d'hôtel, au Royal-Madeleine, Alma tente de reconstituer son univers. Elle réunit des amis, Margherita Sarfati, l'ex-maîtresse de Mussolini, dont l'existence est précaire, maintenant, Bruno Walter qui a réussi à fuir l'Autriche à temps, le poète Fritz von Unruh, le compositeur Darius Milhaud, Emil Ludwig l'historien. Elle retrouve son cher ami Gustave Charpentier qui la couvre de fleurs, et aussi Berta Zuckerkandl, sauvée par ses amis français. Paul Géraldy, dont elle a été la traductrice, a alerté Paul Clemenceau qui a alerté l'ambassadeur de France à Berlin André François-Poncet. C'est lui qui a obtenu pour Berta un visa d'entrée en France. Les Werfel retournent passer l'été à Sanary. Ce sont les derniers jours de la paix.

« L'émigration est une maladie grave, écrit Alma. Franz Werfel est comme paralysé, oui, comme touché par une sénilité précoce et désespérée. »

En septembre, la guerre est déclarée et leur situation devient intenable dans cette petite ville où ils sont suspects, comme tous les étrangers, avec leur passeport tchèque, et où ils baragouinent le français avec l'accent autrichien. Pourquoi se sont-ils accrochés au lieu de quitter tout de suite la France? Parce que c'est dur de partir, toujours partir. Parce que ce qui va suivre est inimaginable. Qui l'a imaginé?

Le jour où la Belgique se rend, ce jour-là ils s'affolent, bouclent leurs bagages, courent à Marseille avec l'espoir naïf de pouvoir s'embarquer pour les États-Unis. Ils n'ont pas de visa.

Les troupes allemandes entrent à Paris, déferlent sur la France, le gouvernement fuit à Bordeaux, ils ne savent que faire... Ils essayent de gagner Bordeaux, en taxi. Mais ils se retrouvent bloqués par des barrages à la hauteur de Carcassonne.

A la gare, ils ont l'idée saugrenue de faire enregistrer leurs bagages en direction de Bordeaux. Un train se présente, ils réussissent à monter dedans. A l'arrivée, dans la cohue, l'affolement, les bagages ont disparu. Ils n'ont plus une brosse à dents.

Après une nuit passée dans un bordel dont les pensionnaires ont pris la fuite, ils trouvent une voiture qui les conduit à Biarritz d'où ils espèrent passer en Espagne. Commence la chasse aux visas espagnols. Soudain, pendant qu'ils déjeunent, quelqu'un les prévient : « Les Allemands sont à Hendaye! Partez vite! »

Ils repartent, échouent à Pau, puis à Lourdes, grouillante de réfugiés, errent d'hôtel en hôtel. Trouvent enfin un hôtelier compatissant pour ces voyageurs sans bagages. Ils veulent retourner à Marseille, mais les étrangers ne peuvent plus circuler sans sauf-conduits.

Pendant les jours qu'ils passent à Lourdes, attendant des autorités militaires la délivrance de ces sauf-conduits, ils découvrent la grotte miraculeuse, Bernadette Soubirous, son histoire... Et Franz Werfel fait un vœu : « Si j'arrive vivant en Amérique, se dit-il, j'écrirai un livre sur Bernadette. » Pour l'heure, il est désespéré. Enfin, les sauf-conduits sont accordés et ils se faufilen' dans un train pour Marseille. Grâce à la persévérance et à la gentillesse de l'hôtelier de Lourdes qui s'est démené pour eux, leurs bagages, égarés dans quelque dépôt, finissent par les rejoindre, y compris la précieuse mallette contenant les manuscrits de Bruckner et de Mahler.

Dans Marseille envahie par les réfugiés, ils ont la chance insigne de trouver une chambre d'hôtel. Commence alors la course au visa, recommencent les files d'attente, se perpétue l'angoisse des bêtes prises au piège...

Après maintes tribulations, le ciel se manifeste sous les traits du représentant de l'Emergency Rescue Committee, Varian Fry, délégué par les États-Unis pour venir en aide aux réfugiés de quelque notoriété. C'est Eleanor Roosevelt qui a personnellement obtenu de son mari la délivrance de quelques visas dits *emergency* pour une poignée d'artistes, d'écrivains, de scientifiques.

Varian Fry prend en main le sort des Werfel. Les voici munis d'un visa américain sur leur passeport tchèque. Mais il n'est pas question de recevoir de la France un visa de sortie. Par une clause de la convention d'armistice, la France s'est engagée, au contraire, à livrer à l'Allemagne les réfugiés. Et là, l'Américain est impuissant.

Alors, il décide de faire passer les Werfel en Espagne clandestinement, en même temps qu'un trio au nom illustre : le fils de Thomas Mann, Golo, son frère

Heinrich et la femme de ce dernier. Ils ne sont pas juifs, mais c'est pire si l'on peut dire. Hitler a maudit Thomas Mann. Le départ a lieu de Cerbère, par un chemin qui servira à beaucoup d'évasions avant qu'il ne soit « grillé », car il permet de franchir les Pyrénées par une crête relativement peu élevée. Un jeune Américain désigné par Fry guide les fugitifs à travers roches et broussailles. Mme Mann hurle soudain qu'elle ne veut pas continuer, parce que c'est un vendredi 13. Il faut la calmer.

Abrégeons les péripéties. Au bout de l'escalade, ils sont tous entrés en Espagne où Fry les attendait, avec leurs bagages. Puis, ils sont passés au Portugal et se sont enfin retrouvés un jour sur un bateau grec. Sauvés.

A New York, où il attendait le bateau, Klaus Mann, le fils aîné de Thomas, a vu débarquer une cargaison d'intellectuels allemands et autrichiens émigrés. Il trouva ceux qu'il accueillit en bonne forme, reposés et brunis après leur long voyage en mer.

« Seule Alma Mahler Werfel paraît un peu rapetissée, écrira-t-il. Elle a tout l'air d'une reine déchue. »

C'est ce qu'elle sera désormais. Alma la souveraine a perdu son royaume pour toujours.

12

La suite? Une vie d'émigrés parmi les émigrés. Les Mann, les Schönberg, Bruno Walter, Erich Maria Remarque, d'autres moins connus... On vit entre soi, on s'entraide... Les Werfel ont choisi d'habiter, comme eux, la Californie. Au moins, il y fait beau.

Ils s'installent dans une petite maison à Los Angeles, où Franz se met aussitôt au travail. Ils n'ont pas de problème d'argent immédiat parce que Alma a toujours laissé à New York une partie des dollars que Mahler avait déposés à la banque Lazard. Et puis, le miracle de Lourdes se produit, si l'on ose dire. Con formément à son vœu, Franz a écrit *Le Chant de Bernadette*, et, à peine publié, le livre connaît un énorme succès. Il est acheté par le « Book of the month », acheté par Hollywood... Franz devient d'un coup, aux États-Unis, un auteur coté.

Il en a bien besoin, le pauvre, car il supporte mal, très mal, l'émigration. Personne n'est plus européen et singulièrement viennois que lui.

Sur fond de débâcle française, il écrit ensuite une comédie brillante, *Jacobowsky et le colonel*. Ils ne vivent pas mal au soleil, dans une nouvelle maison, à Beverly Hills, où ils ont introduit l'essentiel c'est-à-dire des livres, un piano et un cuisinier noir. Mais en même temps : « Franz est las, écrit-elle. Il ne désire pas travailler. Il est fermé, comme mort. Il lui faudrait un nouvel amour. Ce serait une grande souffrance pour moi car je suis entièrement perdue en lui et ne souhaite plus rien d'autre – ni ne peux rien vouloir d'autre. »

Non, elle ne peut plus rien vouloir d'autre. Même pour Alma, il y a des limites. Ce serait une grande « première » dans sa vie si Franz s'éprenait de quelque jeune dame d'Hollywood au lieu que ce soit elle la traîtresse, l'infidèle, le bourreau comme à l'accoutumée. Mais l'épreuve lui sera épargnée. Son tendre petit mari n'est pas dans cette disposition d'esprit même s'il rue parfois sous la férule d'Alma, et alors ils se font des scènes fracassantes dont elle sort comme on sort d'un bain de mer, requinquée. Il fume trop. Il boit trop. Il n'a pas, pour supporter l'exil, cette force particulière qui tient Alma droite, toujours sûre que le centre du monde est là où elle se trouve.

Franz a une crise cardiaque, puis une autre, sérieuse, qui le laisse alité le soir où le film tiré du *Chant de Bernadette* est présenté en grande pompe à Hollywood. Ils écoutent la retransmission de la soirée à la radio. Alma écrit :

« J'ai une peur désespérée de perdre Franz Werfel. » Mais elle écrit aussi, fidèle à elle-même : « Il est fatigué le soir et il sent mauvais le matin, chose à quoi une épouse ne devrait jamais être exposée. »

Impitoyable aux faibles, toujours. Mais elle n'a plus l'âge ni l'envie de changer d'homme. Cette fois elle sait que ce sera le dernier. Alors, sans compassion mais avec efficacité, elle le soigne.

La maladie a rendu Franz provisoirement incontinent, mais il se rétablit et se remet à un roman, *L'Étoile de ceux qui ne sont pas nés*. Le 25 août 1945, il s'assied à son bureau après le déjeuner. Vers cinq heures, Alma vient lui proposer un thé. Elle frappe, il ne répond pas, elle entre. Elle le trouve mort. Avant de mourir, à cinquante-six ans, il a eu la joie de savoir que l'Allemagne hitlérienne était écrasée.

On l'enterra, comme le héros de son dernier roman, en smoking avec une chemise de soie et une autre de rechange, les lunettes dans la poche.

Pour tenir compagnie à sa dépouille dans l'un de ces sinistres salons funéraires américains, il aura une jolie salle. Les Mann, Otto Klemperer, Igor Stravinski, Otto

Preminger, Bruno Walter qui jouera au piano une pièce de Schubert... Alma ne se montrera pas.

Trente ans de vie commune ou presque, et puis cette déchirure... Mais Alma surmontera cela aussi. Manon ne s'est pas trompée en jugeant sa mère.

Elle a soixante-six ans, elle entend de plus en plus mal, elle avale une bouteille de Bénédictine par jour, elle a eu trois maris, quatre enfants et la voilà seule, seule. Dur.

La sœur aînée de Franz Werfel attaque le testament qui fait d'Alma l'héritière de tous les droits d'auteur de Franz : elle est déboutée. Sans être à proprement parler riche, Alma ne connaîtra jamais le besoin.

La radio annonce que la veuve de Franz Werfel va se remarier avec Bruno Walter : elle dément avec hauteur cette « plaisanterie de mauvais goût ». Bruno Walter traverse la pelouse qui sépare leurs deux maisons, à Beverly Hills, et lui dit, amusé : « Hé quoi! Serait-ce donc si terrible? » Alma le foudroie.

Elle se blesse à la main droite. Une amie lui envoie les œuvres de Scriabine pour la main gauche et elle s'y attaque avec passion.

Elle reçoit, de Londres, une requête pour aider le chef hollandais Willem Mengelberg. Il possède les manuscrits de la *Quatrième Symphonie* et du mouvement final du *Chant de la terre* de Mahler, il a besoin de les vendre. Alma s'y oppose vigoureusement, indifférente à la situation de Mengelberg.

Enfin, devenue citoyenne américaine, Platon dans une poche, un flacon de Bénédictine dans l'autre, elle prend l'avion pour l'Europe.

Elle fait escale à Londres pour voir Anna – qui ne va pas tarder à quitter son quatrième mari –, la juge prématurément vieillie, trouve sa petite-fille laide et repart.

Elle n'a jamais aimé, ce qui s'appelle aimer, ses enfants, sauf Manon qui flattait sa vanité. Elle aime moins encore ses petits-enfants. Grand-mère, ce n'est certes pas sa vocation.

Elle quitte Londres, donc, pour Vienne. C'est Vienne

qu'elle veut revoir. Et c'est l'horreur. L'Opéra, le Bugtheater, la cathédrale sont en ruine. Elle ne connaît plus personne dans la ville sinon son ancienne femme de chambre et la veuve d'Alban Berg, Hélène, qui ne s'intéresse plus qu'à l'occultisme.

Le dernier étage de la maison de la Hohe Warte a été détruit par les bombes américaines avec la table de travail de Mahler, celle de Werfel. La maison du Semmering, vendue aux Soviétiques, a été « redécorée », la fresque de Kokoschka passée à la chaux.

Karl Moll a vendu tout ce qu'elle lui avait confié, y compris la fameuse toile de Munch, *Le Soleil de minuit*, avant de se suicider avec sa fille et son gendre, le jour de l'entrée à Vienne des Soviétiques.

Ce qui irrite Alma, c'est l'attitude des fonctionnaires et des juristes auxquels elle s'adresse pour essayer de recouvrer ses biens. Ils sont tous – en 1947 – nazis. Le coupable, à leurs yeux, ce n'est pas Karl Moll, c'est elle, Alma, parce qu'elle a épousé deux juifs.

Alors elle repart, outrée. Un avocat américain se chargera de récupérer ce qui peut l'être.

Vienne, pour Alma, est rayée de la carte. Elle reviendra plus tard en Europe, à Paris, à Rome. A Vienne, jamais.

En dépit de la solitude où Alma a passé sa vie, après la mort de Franz, il semble qu'elle ait été d'une certaine manière délivrée. Plus de mari, plus d'amant, plus de créations à nourrir, ces petites bêtes féroces qui vous sucent le sang, plus de contrainte, libre, enfin!

Alors, composer? C'est trop tard. Souvent, depuis quelques années, elle improvise au piano, art dans lequel elle excelle. Mais composer, c'est autre chose, un travail, une technique, une discipline. Alma ne renouera jamais avec son rêve interrompu. Elle s'est affirmée, et avec quelle force, mais par la domination qu'elle a exercée sur des hommes, non par sa création propre. Elle n'aura eu le droit de cultiver qu'un art : celui d'être aimée. Quelqu'un a été, quelque part, assassiné dont le sang a irrigué des œuvres qui ne sont pas les siennes. Elle va finir ses jours dans un emploi noble : celui de la Veuve.

Installée à New York dans l'un des trois appartements dont elle s'est rendue propriétaire – une propriétaire grippe-sous –, servie par la fidèle Ida qu'elle a fait venir d'Autriche, elle a reconstitué son cadre : une bibliothèque et une chambre de musique, son portrait par Kokoschka, le portrait de Mahler sur le piano, des œuvres d'art en masse. Elle en a tant qu'elle ne sait où les mettre et elle en donne. Ainsi Stravinski recevra un Klee. A l'époque, ça ne vaut rien.

Toujours en noir mais couverte de bijoux, l'irréductible vieille dame a rempilé dans l'emploi de « veuve de Mahler » parce que la musique de son premier mari commence à connaître la vogue, et abandonne progressivement celui de « veuve de Werfel » parce que l'audience de son troisième mari décline. Des impertinents la baptiseront « la veuve des Quatz'arts ».

Elle classe ses papiers, recopie les lettres de Franz, corrige et censure son Journal, brûle, détruit, rédige des souvenirs. Sa fille Anna vit aux États-Unis maintenant. Mais en Californie. C'est-à-dire qu'il y a, entre elles, autant de distance que si elle vivait en Europe.

Alma continue à jouer un certain rôle dans la communauté musicale. En 1959, Benjamin Britten lui demande l'autorisation de lui dédier *Nocturne pour ténor et petit orchestre*. Elle est l'invitée d'honneur de tous les concerts où le chef programme Mahler, assiste aux répétitions, elle dîne chez Leonard Bernstein, reçoit les Georg Solti... Elle est devenue une institution.

Elle a toujours quelques visiteurs auxquels elle intime l'ordre de venir la voir. Et qui viennent.

Gropius passe chez elle chaque fois qu'il se trouve à New York. Et un jour arrive un petit mot de Kokoschka : il est là, il voudrait la voir. Elle hésite. Et puis elle dit non. Et elle a raison. On ne montre pas son visage détruit à un homme qui vous a aimée dans toute votre gloire.

Alors Kokoschka lui expédie ce télégramme, le dernier :

« Chère Alma, nous sommes éternellement unis dans ma *Fiancée du vent*. »

Elle aura été plus que l'amour de sa vie. Sa lumière, sa passion, son soleil.

Quant à elle... Un soir de solitude, elle s'est interrogée sur ce petit tas d'hommes à ses pieds. Et elle a conclu : « Je n'ai jamais vraiment aimé la musique de Mahler, je ne me suis jamais vraiment intéressée à ce qu'écrivait Werfel – elle n'a jamais compris ce que faisait Gropius –, mais Kokoschka, oui, Kokoschka m'a toujours impressionnée. »

L'as de cœur de ce carré d'as, c'est lui sans aucun doute si l'on peut, s'agissant de cette femme, parler de cœur. Mais les choses sont telles que, pour l'éternité, elle sera Alma Mahler.

La sirène aux yeux bleus est morte à quatre-vingt-cinq ans, le 11 décembre 1964, d'une pneumonie, la main crispée sur celle de sa fille.

Depuis un an, elle battait la campagne et souffrait d'un diabète qu'elle refusait de soigner, prétextant qu'il s'agissait là d'une « maladie juive » qui ne pouvait, en conséquence, l'atteindre.

Fallait-il l'enterrer en Californie avec Franz Werfel ? Ou en Autriche avec Gustav Mahler ? Conformément au vœu rapporté par sa femme de chambre, c'est avec Manon qu'Alma partage, au cimetière de Grinzing, la paix de l'éternité.

Là, dans sa prison de pierre, il n'y a plus place pour l'arrogance.

Bibliographie

La partie de cet ouvrage qui concerne Mahler doit essentiellement à l'énorme travail accompli par son plus célèbre biographe, Henry-Louis de La Grange : *Mahler*, trois tomes, Fayard, 1983.

Ont été consultés d'autre part :

Le Fonds Mahler-Werfel de la bibliothèque Charles-Patterson van Pelt à l'Université de Pennsylvanie.

Canetti Elias, *Histoire d'une vie*, Albin Michel.

Isaacs Reginald, *Walter Gropius, ein Mensch und seine Werk*, Gebr. Mann, Berlin.

Kokoschka Oskar, *Ma vie*, PUF, 1986.

Kokoschka Oskar, *Briefe*, Claasen, 1987.

Kraus Karl, *Dits et contredits*, Gerard Leibovici, 1986.

Johnston William M., *L'Esprit viennois*, PUF, 1985.

Jones Ernest, *The Life and Work of Sigmund Freud*, Doubleday, New York, 1955.

Jungk P. S., *Franz Werfel; eine Lebensgeschichte*, S. Fischer, Francfort, 1987.

Mahler Alma, *Ma vie*, Hachette, 1986.

Mahler Alma, *Mémoires et correspondances*, Lattès, 1980.

Mahler Alma et Ashton E., *And the Bridge Is Love*, Harcourt, Brace & Cᵒ, New York, 1958.

Maysel Lucian, *La Femme de Vienne*. Le Chemin Vert, 1987.

Mann Klaus, *Le Tournant*, Solin, 1986.

Monson Karen, *Alma Mahler*, Buchet Chastel, 1986.

Pollak Michael, *Vienne 1900*, Archives, Gallimard, 1986.

Reik Theodor, *Variations psychanalytiques sur un thème de Mahler*, Denoël, 1972.

Schorske Carl E., *Vienne fin de siècle*, Seuil, 1983.

Werfel Franz, *Cella ou les vainqueurs*, Stock, 1987.

Whitford Frank, *Bauhaus*, Thames and Hudson.

Zuckerkandl Berta, *Oesterreich intim*, Propylaen, Ullstein, Francfort, 1970.

Zweig Stefan, *Le Monde d'hier*, Albin Michel, 1948.

Achevé d'imprimer en juin 1993
sur les presses de l'Imprimerie Bussière
à Saint-Amand (Cher)

PRESSES POCKET - 12, avenue d'Italie - 75627 Paris Cedex 13
Tél. : 44-16-05-00

— N° d'imp. 1569. —
Dépôt légal : mai 1989.
Imprimé en France